PAUL KUNITZSCH

Typen von Sternverzeichnissen in astronomischen Handschriften des

zehnten bis vierzehnten Jahrhunderts

Typen von Sternverzeichnissen

in astronomischen Handschriften

des zehnten bis vierzehnten

Jahrhunderts

VON

PAUL KUNITZSCH

1966

OTTO HARRASSOWITZ · WIESBADEN

Gedruckt mit Unterstützung der Deutschen Forschungsgemeinschaft

Gesamtherstellung: BOD, Hamburg

Printed in Germany

ISBN 978-3-447-00550-0

Otto Harrassowitz GmbH & Co. KG
Kreuzberger Ring 7c-d, D-65205 Wiesbaden,
produktsicherheit.verlag@harrassowitz.de

INHALT

ABGEKÜRZT ZITIERTE LITERATUR

BROCKELMANN, GAL: C. BROCKELMANN, *Geschichte der arabischen Literatur*, Leiden I ²1943, II ²1949, Suppl. I 1937, II 1938, III 1942.

DESTOMBES, *Astrolabe carolingien*: M. DESTOMBES, *Un astrolabe carolingien et l'origine de nos chiffres arabes*, Extrait des Archives Internationales d'Histoire des Sciences 58–59 (1962), p. 3 ff (im Sonderdruck eigene Seitenzählung p. 1–43).

GUNTHER, *Astrolabes*: R. T. GUNTHER, *The Astrolabes of the World*, I/II, Oxford 1932.

KNOBEL, *Chronology*: E. B. KNOBEL, *The Chronology of Star Catalogues*, Mem. Roy. Astron. Soc., XLIII (London 1875–77), p. 1–74.

KRCHNÁK: A. KRCHNÁK, *Die Herkunft der astronomischen Handschriften und Instrumente des Nikolaus von Kues*, Mitteilungen und Forschungsbeiträge der Cusanus-Gesellschaft (Mainz), 3 (1963, erschienen 1964), p. 109–180.

KUNITZSCH, *Sternnamen*: P. KUNITZSCH, *Arabische Sternnamen in Europa*, Wiesbaden 1959.

–, *Untersuchungen*: id., *Untersuchungen zur Sternnomenklatur der Araber*, Wiesbaden 1961.

MILLÁS, *Assaig*: J. MILLÁS VALLICROSA, *Assaig d'historia de les idees fìsiques i matemàtiques a la Catalunya medieval*, Barcelona 1931.

–, *Estudios*: id., *Estudios sobre Azarquiel*, Madrid 1943–1950.

–, *Traducciones*: id., *Las traducciones orientales en los manuscritos de la Biblioteca Catedral de Toledo*, Madrid 1942.

PETERS-KNOBEL, *Catalogue*: C. H. PETERS-E. B. KNOBEL, *Ptolemy's Catalogue of Stars*, Washington 1915.

POULLE, *L'astrolabe*: E. POULLE, *L'astrolabe médiéval d'après les manuscrits de la Bibliothèque Nationale*, Bibl. de l'Ecole des Chartes 112 (1954), p. 81–103.

–, *Peut-on . . .*: id., *Peut-on dater les astrolabes médiévaux?*, Revue d'histoire des sciences et de leurs applications 9 (1956), p. 301–322.

–, *Jean Fusoris*: id., *Un constructeur d'instruments astronomiques au XVᵉ siècle, Jean Fusoris*, Paris 1963.

–, *Quadrant*: id., *Le quadrant nouveau médiéval*, Journal des Savants 1964, p. 148–167 und p. 182–214.

–, *Raymond*: id., *Le traité d'astrolabe de Raymond de Marseille*, Studi medievali, 3ª Serie, V, 2 (1964), p. 866–900.

SUTER: H. SUTER, *Die Mathematiker und Astronomen der Araber und ihre Werke*, Leipzig 1900.

ZINNER, *Verzeichnis*: E. ZINNER, *Verzeichnis der astronomischen Handschriften des deutschen Kulturgebietes*, München 1925.

–, *Tab. Tol.*: id., *Die Tafeln von Toledo (Tabulae Toletanae)*, Osiris I (1936), p. 747–774.

–, *Instrumente*: id., *Deutsche und niederländische astronomische Instrumente des 11.–18. Jahrhunderts*, München 1956.

EINLEITUNG

Die Beschäftigung mit Texten zur Geschichte der Astronomie ist in einem neuen Aufschwung begriffen. Verschiedene Vorarbeiten der letzten Jahre haben die Handschriftenschätze bestimmter Gegenden oder Bibliotheken erschlossen und in Spezialuntersuchungen und Verzeichnissen für die weitere Bearbeitung nutzbar gemacht.

Viele astronomische Texte aus dem zehnten bis vierzehnten Jahrhundert, besonders Abhandlungen über die Herstellung des Astrolabs, enthalten gewisse Sterntafeln.

Das bekannteste und seit dem Altertum bis zum Beginn der Neuzeit meistgebrauchte Sternverzeichnis ist dasjenige des PTOLEMÄUS im 7. und 8. Buch seiner *Syntaxis*, die seit GERHARD VON CREMONAS arabisch-lateinischer Übersetzung (Toledo 1175) im Abendland als „Almagest" bekannt ist. An der genannten Stelle sind 1025 Sterne[1], in 48 Sternbildern angeordnet, mit Angabe der Ekliptiklänge, Breite und Größe aufgezählt. Dieses ptolemäische Verzeichnis, das übrigens auch in die vielgedruckten „Alphonsinischen Tafeln" übernommen wurde, ist bisher nur in der rein griechischen Texttradition zuverlässig erforscht und ediert; die arabischen Versionen dagegen sowie die daraus hervorgegangene lateinische sind im Gesamtzusammenhang noch nicht beschrieben[2] und warten in zahlreichen Handschriften noch auf ihre Edition. Im Rahmen der vorliegenden Studie wird das ptolemäische Verzeichnis der 1025 Sterne häufig als Bezugsgröße herangezogen, da die Präzessionswerte in fast allen mittelalterlichen Sternverzeichnissen auf Ptolemäus bezogen erscheinen.

Gegenstand der vorgenommenen Untersuchung sollen indessen andere Sternverzeichnisse sein, die, an Umfang und Aufbau sehr verschieden, in mittelalterlichen astronomischen Texten des zehnten bis vierzehnten Jahrhunderts auftreten. Vielfach sind sie in Traktaten über die Herstel-

---

[1] Diese Zahl wird häufig abweichend zitiert, wobei nicht berücksichtigt wird, daß einige Sterne in diesem Verzeichnis doppelt vorkommen; cf. auch C. NALLINO, *Opus astronomicum* (al-Battānī), II (Mailand 1907), p. 269, Anm. 2.

[2] Einzelne Textprobleme und Stellen hat O.J. TALLGREN (TUULIO) untersucht; cf. vor allem: *Survivance arabo-romane du Catalogue d'étoiles de Ptolémée*, Studia Orientalia II (1928), p. 202–283; *La description de l'étoile „ε Virginis" dans l'Astronomie d'Alphonse X*, Rev. de filologia española XV (1928), p. 52–66. Die Zahlenwerte sind von PETERS-KNOBEL aus 21 griechischen, 8 lateinischen und 4 arabischen Handschriften mit großer Sorgfalt und Ausführlichkeit musterhaft ediert worden (*Ptolemy's Catalogue*).

lung des Astrolabs enthalten, woraus schon hervorgeht, daß es sich dabei um kleinere Listen wichtiger Positionssterne handelt. Da diese Verzeichnisse die Positionen bestimmter Sterne für bestimmte Epochen enthalten, bilden sie stets einen wichtigen Bestandteil jedes Textes, aus dem sich Hinweise für die Datierung ergeben können. Durch Vergleiche vieler solcher Verzeichnisse in verschiedenen Texten lassen sich auch textliche Zusammengehörigkeiten und Abhängigkeiten nachweisen.

Derartige Texte über die Herstellung von Astrolabien und Quadranten müssen auch als Vorlage für die Anfertigung von Instrumenten gedient haben. Unter den bisher bekannten Astrolabien finden sich viele, die in der Nomenklatur bestimmten der hier beschriebenen Verzeichnistypen folgen. Besonders der Typ VIII aus der Pseudo-Māšā'allāh-Überlieferung ist auf zahlreichen Instrumenten vertreten. Es wird daher auch für das Studium mittelalterlicher Astrolabien, ihre Datierung und die Lesung der darauf angebrachten Sternnamen nützlich sein, die ältesten und wichtigsten Sternverzeichnisse hier vorzulegen. POULLES Frage ,,Peut-on dater les astrolabes médiévaux?'' ist insofern mit einem Ja zu beantworten, als in entsprechenden Fällen ein Astrolabtext bzw. ein bestimmtes Sternverzeichnis dafür den terminus post quem liefert, wenn deutlich wird, daß Nomenklatur und andere Einzelheiten eines Astrolabs aus einem bestimmten Text oder Sternverzeichnis hervorgegangen sind.

Die Verzeichnisse zeigen, je nach Text, bestimmte Charakteristika, so daß es berechtigt ist, dabei von ,,Typen'' zu sprechen.

Die Elemente, die einen ,,Typ'' bestimmen, sind meist mehrere. Die Anzahl der aufgeführten Sterne allein reicht nicht aus, um einen Verzeichnistyp zu konstituieren. Da jede Tafel in erster Linie die wichtigsten Fundamentalsterne aufzählt, so erscheinen außerdem in allen Typen immer wieder im wesentlichen die gleichen Sterne. Hierin eine gegenseitige Abhängigkeit zu erblicken, wäre jedoch ein grundsätzlicher methodischer Fehler. Es müssen weitere Kriterien textgeschichtlicher Natur hinzutreten: die numerischen Werte (die Breiten oder Deklinationen unverändert, die Längen oder Meditationen unter Umständen auf eine neue Epoche weitergerechnet), die Benennungen der Sterne, die lateinischen Übersetzungen bzw. Transkriptionen arabischer Ausdrücke und Namen, die Anordnung und Reihenfolge der Sterne, die Überschrift und Epoche der Tabelle – dies alles sind Elemente, die mit berücksichtigt werden müssen, um das Gesamtbild eines ,,Typs'' in unserem Sinne zu ergeben.

Nicht immer sind in bisherigen Arbeiten über einschlägige Texte die darin enthaltenen Verzeichnisse ganz sachgerecht dargestellt und richtig eingeordnet worden. Es erscheint daher angebracht, zugleich auch als Hilfsmittel für weitere Forschungen in diesem Bereich, die wichtigsten derartigen Verzeichnistypen vorzuführen, sie zu edieren und soweit nötig und möglich zu kommentieren.

Daß hier siebzehn verschiedene Sternverzeichnisse aus ihren Texten herausgelöst für sich dargestellt werden, mag zunächst befremden. Nähere Betrachtung zeigt jedoch, daß diese Tafeln bereits im Mittelalter „wanderten". Sie wurden von Kompilatoren oder Schreibern aus ihrem eigentlichen „Muttertext" herausgenommen und in einen anderen Text umgesetzt. Da die Tafeln in sich geschlossene, mit dem Text selbst nur mehr oder weniger locker verbundene Einheiten darstellen, ist prinzipiell gegen solche Übernahme nichts einzuwenden, sofern dabei bestimmte Daten dem neuen Text und seinen Bedingungen entsprechend umgerechnet und neu formuliert werden. Tatsache ist jedoch, daß dies selten geschah und daß vielmehr die Tafeln meist als geschlossenes Ganzes unverändert übernommen wurden. Besonders auffällig ist, daß dabei häufig auch für große Zeitdifferenzen keine Weiterberechnung der Längenangabe erfolgte, d.h. daß die Präzession unberücksichtigt blieb. Es ist also durchaus gerechtfertigt, hier eine Reihe der wichtigsten Sternverzeichnisse selbständig vorzuführen. Die Textzugehörigkeit einzelner Tafeln wird dabei jeweils entsprechend den vorliegenden bibliographischen Angaben genannt werden[3].

Oft treten in Handschriften an der gleichen Stelle mehrere Verzeichnistypen gemeinsam auf, die teils ursprünglich völlig unabhängig voneinander geschaffen wurden, teils aber auch sogar Derivate voneinander darstellen, was die Schreiber nicht erkannt zu haben scheinen. Eine Demonstration aller Typenkombinationen, die in den behandelten Stellen auftreten, zeigt, wie beweglich diese Tafeln waren und wie frei die Autoren damit umgingen:

Cambridge, Univ.-Bibl. Hh. 6. 8, 236: XI – V.
Cambridge, Univ.-Bibl. Ii. 3. 3, 70^v: VIII – 71^r: VII.
Darmstadt 2661, 156^v: XI – 157^r: VII.
Einsiedeln 29 (Msc 878), p. 121: XI – 121/2: VIII – 122/3: VII.
Erfurt, Amplon. 2° 38, 2^r: XII – 2^v: XI.
Erfurt, Amplon. 2° 376, 89^r: XI – 89^{r-v}: VIII – 89^v: VII.
Erfurt, Amplon. 4° 366, 50^{r-v}: XIII – 50^v/51^r: VI.
Erfurt, Amplon. 4° 369, 203va: VIII – 203vb: 27 Sterne für 1314 – 204^r: VIII – 217^r: VI.
Erfurt, Amplon. 4° 386, 141^{r-v}: VIII – 142^r: VII.
Leiden, Scal. 64, 119^v: I – 120^r: XII – 120^v: XI.
München, Clm 10662, 99^v/100^v/101^v: Johann von Gmunden – 100^r/101^r/102^r: Georg von Neuburg 1432.
München, Clm 27001, 5^r: IX – 6^r: Jean Fusoris.
München, Un.-Bibl. 4° 738, 10^{r-v}: Johann von Gmunden – 11^r: Georg von Neuburg.
Paris, B.N. lat. 7195, 54^{r-v}: VIII – 55^r: VII.
Paris, B.N. lat. 7413 (1), 10va: XI – 10vb/11^r: VIII – 11^r: VII.
Paris, B.N. lat. 7413 (2), 36^r: VI – 36^v: XI.
Paris, B.N. lat. 7416 B, 86ra: XI – 86rb: VII.

---

[3] Gelegentliche Abweichungen zeigen, daß diese nicht immer zutreffen.

Paris, B.N. lat. 10266, 111^v: III $^-$ 112^r: XII.
Paris, B.N. lat. 16652, 31^v/32^r: XII – 32^{r-v}: III.
Salamanca 2621, 10ra: VIII – 10rb: Jean Fusoris; 115^v: IX – 116^r: VII.
St. Gallen, Vad. 412, 93^v/95^r: VIII – 95^v: Jean Fusoris.
Trier 1074/1271 (8°), 66^r: VIII – 66^v: VII.
Wien 2323, 80^v/81^r: VIII – 83^v: VII.
Wien 2367, 194^r: VIII – 196^r: VII.
Wien 5311, 129^v: XV – 130ra: XII – 130rb: III – 130^v: VI – 131^r: XIII.
Wien 5412, 159^r: VII – 159^v (und 160^{r-v}): VI – 160^v: 12 Sterne, Joannes Schindel, Ptol. + 18° 58′.
Wien 5442, 133^r: 36 Sterne, Ptol. + 17° 44′, ähnlich VIII – 133^v: VI.
Wolfenbüttel, Cod. Guelf. 81, 26 Aug. 2°, 139ra: VIII – 139rb: Jean Fusoris.
Zürich, C 364, 4va: X a^1 – 4vb: X a^2.

Das einschlägige Material ist geradezu erdrückend. Eine Beschränkung war daher bei unserer Untersuchung von vornherein geboten. Aufgenommen wurden grundsätzlich die ältesten Verzeichnisse; Verzeichnisse aus Übersetzungen nebst Original, soweit dieses nachweisbar ist; und die übrigen häufigsten Verzeichnisse bis zum vierzehnten Jahrhundert – im wesentlichen also die „grandes tables astronomiques classiques"[4].

Von vornherein ausgeschlossen blieben Verzeichnisse, die lediglich aus dem Almagest oder den Alphonsinischen Tafeln ausgewählt bzw. abgeleitet sind. Ebenso wurden nicht aufgenommen einige Listen von Fixsternen, die in astrologischen Texten erscheinen[5], sowie eine Aufzählung von acht Fixsternen im Kapitel „De stellis horarum" des Traktats *De horologio secundum alkoram*[6], die nicht die später übliche Tabellenform aufweist, und die in Kapitel 17 des pseudo-gerbertischen Astrolabtraktats *De utili-*

---

[4] POULLE, *Quadrant* p. 193.

[5] a) Ptolemäus, Tetrabiblos I, 9; arabisch-lateinische Übersetzung von PLATO TIBURTINUS (1138), beginnend „Jesure", Drucke Venedig 1484, 1493, Basel 1533; arabisch-lateinische Version von AEGIDIUS DE TEBALDIS (um 1250), beginnend „Missori", Druck Venedig 1493; offenbar eine dritte Version, beendet 1206, ist enthalten in ms Wolfenbüttel, Gud. lat. 147, fol. 162^{r}ff (De stellis fixis: fol. 166^v–167^v).

b) Liber hermetis capitis omnium philosophorum de iudiciis et significatione stellarum beibeniarum in natiuitatibus, mitgedruckt Venedig 1493.

c) Hermes, De quindecim stellis (lateinische Übersetzung aus dem Arabischen des Māšā'allāh); ed. L. DELATTE, *Textes Latins et Vieux Français relatifs aux Cyranides*, Liège 1942, p. 235–288; cf. auch A.-J.FESTUGIÈRE, *La révélation d'Hermès Trismégiste*, I, Paris ²1950, p. 160ff. Von diesen fünfzehn im astrologischen Zusammenhang aufgezählten Sternen ist unabhängig eine Liste der 15 Fixsterne erster Größe von al-Farġānī (ALFRAGANUS) in Kapitel 19 seiner „Astronomie"; arabisch-lateinische Übersetzung von JOHANNES HISPALENSIS (1134), Drucke Nürnberg 1537, Paris 1546; ed. CARMODY, Berkeley 1943; arabisch-lateinische Übersetzung von GERHARD VON CREMONA, ed. CAMPANI, Città di Castello 1910; GerhardsVersion wurde 1231–35 von JAKOB ANTOLI ins Hebräische übersetzt, was wiederum J.CHRISTMANN ins Lateinische zurückübertrug und 1590 in Frankfurt a.M. herausgab; eine weitere Edition veranstaltete J.GOLIUS, Amsterdam 1669.

[6] Ediert aus drei Handschriften, vorzüglich Paris, B.N. lat. 11248, s. XI, fol. 21^{r-v}, von MILLÁS, *Assaig* p. 292. Eine gleichartige Aufzählung fand M. DESTOMBES

tatibus astrolabii[7] behandelten Sterne. Wegen der Fülle des Materials wurden schließlich auch die jüngeren Verzeichnisse des fünfzehnten Jahrhunderts fortgelassen[8]. Ihre Werte finden jedoch in den Indices Berücksichtigung, damit Gelegenheit zur Information im weitestmöglichen Umfang geboten wird. Im übrigen wird hier lediglich auf westeuropäische Texte eingegangen; einige analoge mittelgriechische Tabellen wurden soeben an anderer Stelle vorgeführt[9].

Arabische Sternverzeichnisse werden nur behandelt, wenn sie erwiesenermaßen die Quelle bestimmter lateinischer Tafeln darstellen. Von dem Astronomen Abū l-Ḥusayn aṣ-Ṣūfī (gest. 986), der besonders durch sein

---

in einem Brief von Gerberts Schüler Fulbert von Chartres (ca. 960–1028); cf. *Astrolabe carolingien* p. 27.

[7] Ed. N. Bubnov, *Gerberti postea Silvestri II papae opera mathematica,* Berlin 1899, p. 136ff; cf. dazu Kunitzsch, *Sternnamen* p. 36f.

[8] Von den hierzu gehörigen seien erwähnt: Johann von Gmunden, Quadrant: 37 Sterne mit Äquatorkoordinaten, Melk, Stiftsbibliothek, ms 1099, anno 1445, p. 228 (Zinner, *Verz.* Nr. 3557); St. Florian, Stiftsbibliothek, ms XI 619, s. XV, fol. 192ᵛ (Zinner, *Verz.* Nr. 3561).

id., Astrolab: 52 Sterne mit Ekliptikkoordinaten, Stuttgart, ms math. 4° 32, s. XVI, fol. 23ᵛ–24ʳ (Länge: Ptol. + 19° 38′; Zinner, *Verz.* Nr. 3602); München, Clm 10662, anno 1436, fol. 99ᵛ, 100ᵛ, 101ᵛ (Länge: Ptol. + 18° 59′, für 1430; Zinner, *Verz.* Nr. 11592); München, Un.-Bibl. 4° 738, anno 1438, fol. 10ʳ⁻ᵛ (44 Sterne; Länge: Ptol. + 19° 3′, für 1438; Zinner, *Verz.* Nr. 3593).

Jean Fusoris, Astrolab: 35 Sterne mit Äquatorkoordinaten für 1428, Paris, B.N. fr. 1339, fol. 135ʳ⁻ᵛ (cf. Poulle, *Peut-on...* p. 315f; ed. Poulle, *Jean Fusoris* p. 16); Wolfenbüttel, Cod. Guelf. 81, 26 Aug. 2°, anno 1461, fol. 139ʳᵇ (Zinner, *Verz.* Nr. 899; 2834) und fol. 168ʳ (Zinner, *Verz.* Nr. 11047); Salamanca, Un.-Bibl. 2621, fol. 10ʳᵇ (cf. Poulle, *Jean Fusoris* p. 17, Anm. 3). In Auszügen auch München, Clm 27001, s. XV, fol. 6ʳ (Zinner, *Verz.* Nr. 3599; 24 Sterne) und St. Gallen, Vad. 412, s. XV, fol. 95ᵛ (Zinner, *Verz.* Nr. 892; 21 Sterne).

Georg von Neuburg, Sternverzeichnis für 1432 mit Äquatorkoordinaten, München, Clm 10662, anno 1436, fol. 100ʳ, 101ʳ, 102ʳ (47 Sterne; Zinner, *Verz.* Nr. 2980); München, Un.-Bibl. 4° 738, anno 1438, fol. 11ʳ (Zinner, *Verz.* Nr. 2983); Nürnberg, Cent VI 18, s. XV, fol. 73ʳ⁻ᵛ (41 Sterne; Zinner, *Verz.* Nr. 2982).

Johannes Stoeffler: Seine *Elucidatio fabricae ususque astrolabii,* Oppenheym 1512, enthält zwei Sternverzeichnisse; das eine, fol. XXʳ⁻ᵛ, umfaßt 46 Sterne mit Ekliptikkoordinaten für 1500 (Länge Ptol. + 19° 38′); das andere, fol. XVIIᵛ bis XVIIIʳ, zeigt nur 39 Sterne mit äquatorialen Koordinaten und endet mit dem Zeichen Cap; die Handschrift Köln, Historisches Archiv, GB fol. 64, s. XVII (Zinner, *Verz.* Nr. 10648) zeigt auf fol. 256ʳ auch die restlichen sieben Sterne der Zeichen Aqr und Psc. Ein Auszug von 19 Sternen aus der äquatorialen Liste in München, Clm 19689, s. XVI, fol. 56ᵛ (Zinner, *Verz.* Nr. 3605, Johann von Gmunden, Astrolab). Eine Bearbeitung nebst deutscher Übersetzung von Stoefflers ekliptikalem Verzeichnis mit dem gleichen Längenwert, jedoch 6 zusätzliche Sterne (also insgesamt 52) umfassend, in der Fürstl. Oettingen-Wallerstein'schen Bibliothek auf Schloß Harburg bei Donauwörth, ms III, 2, 2° 1, anno 1513, fol. 174ᵛ–175ʳ (cf. Zinner, *Verz.* Nr. 10249); ediert von Hans J. Vermeer, *Ein lateinisch-arabisch-deutsches Sternnamenverzeichnis von 1513,* in: *Festschrift Adolf Bach,* Heidelberg 1965, 429–440 (die Kenntnis der Stelle verdanke ich Herrn Prof. G. Eis, Heidelberg).

[9] Byzantinische Zeitschrift 57 (1964), 382–411.

„Fixsternbuch" bekannt ist, läßt sich also in unserem Zusammenhang kein Werk anführen. Das „Fixsternbuch", in dem beiläufig 44 Astrolab-sterne [10] erwähnt werden, ist nicht als Sternverzeichnis im hiesigen Sinne anzusehen; auch existiert von dessen Text keine lateinische Übersetzung [11]. Ṣūfīs „Buch über die Arbeit mit dem Astrolab" *Kitāb al-ʿamal bi-l-asṭurlāb* enthält im letzten Kapitel (386) eine Aufzählung und Beschreibung von 30 Astrolabsternen, die jedoch zu keinem der unten dargestellten Typen als Vorlage infrage kommen [12].

Die behandelten Typen zerfallen der Herkunft nach in zwei Hauptkate-gorien: Einige sind unmittelbare Übersetzungen aus dem Arabischen. Dazu gehören Typ I und II, die Urform von III, V, XII bis XIV und XV. Bei I und II dürfte das gleiche Original, verschiedene Fassungen einer Maslama-Tafel, zugrunde liegen. Die Urform von III ist eine wahrschein-

---

[10] Durch einen alten Irrtum häufig falsch zitiert; cf. KUNITZSCH, *Sternnamen* p. 59, Anm. 2; neuerdings wieder bei DESTOMBES, *Astrolabe carolingien* p. 12, 13, 14, 20, 40, wo weitergehende Schlüsse daraus gezogen werden: das Verzeichnis der 27 Sterne von Typ III ist jedoch nicht unmittelbar aus Ṣūfī herzuleiten; es stammt aus der spanisch-arabischen astronomischen Tradition. Bei TALLGREN, *Los nombres arabes de las estrellas...*, in Homenaje a R. Menéndez Pidal, Madrid II (1925), p. 647 gibt es eine Facsimile-Wiedergabe einer „Rueda delas estrellas que son puestas enel estrolabio" aus ms Madrid, Univ.-Bibl. 156–94–1–115–z–14, s. XIII, fol. 23ᵛ, die zu der altspanischen Bearbeitung Ṣūfīs gehört. Hier sind ebenfalls 44 Astrolabsterne dargestellt, die jedoch nicht übereinstimmen mit den von Ṣūfī im „Fixsternbuch" aufgeführten. Es fehlen aus dem „Fixsternbuch" folgende sieben Sterne: ε Del, ε Peg, α Cet, β Sgr, α PsA, ϑ Eri und α Car; stattdessen finden sich folgende sieben anderen Sterne, die im „Fixsternbuch" nicht als Astrolabsterne gekennzeichnet sind: α UMa, η UMa, β Dra, γ Dra, ζ Cet, ε Ori und ε Crt; am Schluß folgt die An-merkung, es seien insgesamt 44 Sterne, davon erster Größe 12, zweiter Größe 18, dritter Größe 10 (leg. 13) und vierter Größe 1 Stern. Der Längenwert beträgt hier, der alphonsinischen Redaktion folgend, Ptolemäus + 17° 8′, wie auch im Stern-verzeichnis der „Alphonsinischen Tafeln".

[11] Cf. Zeitschrift der Deutschen Morgenländischen Gesellschaft 115 (1965), 65–74.

[12] Gedruckt nach ms Paris B.N. ar. 2493 bei der Dāʾirat al-Maʿārif al-ʿOṯmānīya in Hyderabad, 1962. Dieser Druck ist M. DESTOMBES noch entgangen, der in der Handschrift selbst das Sternkapitel übersehen hat (cf. *Astrolabe carolingien* p. 13 mit Anm. 21). Die Pariser Handschrift ist freilich im Gegensatz zum Hinweis der Hyderabader Herausgeber nicht die einzige Handschrift dieses Textes (cf. DESTOM-BES a.a.O.; BROCKELMANN, GAL I, 223, 11, Werk Nr. 3; Suppl. I, 398 und 960; Suppl. III, 1206; nach M. KRAUSE, *Stambuler Handschriften islamischer Mathe-matiker*, Berlin 1936, p. 464, Werk Nr. 5, umfaßt die Istanbuler Handschrift Seray 3509 das gleiche Werk in 402 Kapiteln; das Explicit dort lautet gleich mit dem-jenigen in der Pariser Handschrift); darüber hinaus stellt sie eine sehr späte Kopie dar (1283 h = 1866) und weist, wenigstens was das Sternkapitel angeht, zahlreiche Fehler und sinnentstellende Korruptionen auf. Das Kapitel (*bāb*) 386: *Fī maʿrifat al-kawākib aṯ-ṯābita allatī tursam ʿalā l-asṭurlāb* „Über die Kenntnis der Fixsterne, die auf dem Astrolab eingezeichnet werden" (p. 340–350 des Hyderabader Druckes nach fol. 178ᵛ–183ʳ der Pariser Handschrift) enthält eine Aufzählung und umständ-liche Beschreibung von 30 Astrolabsternen. Bei den meisten Sternen wird die Dekli-nation (*al-buʿd ʿan muʿaddil an-nahār*) angegeben, seltener die Zuordnung zu einem

lich von Lupitus von Barcelona stammende Übersetzung oder Bearbeitung nach einer arabischen Vorlage, die ebenfalls auf Maslama oder wenigstens auf die Maslama-Schule zurückzugehen scheint. Maslama ist wohl auch als derjenige arabische Autor anzusehen, von dem der dem Messahalla = Māšā'allāh zugeschriebene Astrolabtraktat in Wirklichkeit stammt; mehrere Handschriften geben den Namen des Autors auch regelrecht mit Maslama an. XII–XIV und wahrscheinlich auch V sind untereinander unabhängige Übersetzungen aus verschiedenen arabischen Redaktionen eines Sternverzeichnisses von Azarquiel. XV schließlich ist eine Übersetzung aus Ibn Kammād, der ebenfalls ein Vertreter der spanisch-arabischen Astronomenschule ist.

Arabische Quellen haben mindestens mit vorgelegen bei der Abfassung von IV und VI.

Tierkreiszeichen (analog wahrscheinlich Rektaszension oder Mediation und nicht Ekliptiklänge), wozu weitere Positionsangaben und Beschreibungen benachbarter Sterne in enger Anlehnung an die Darstellung im „Fixsternbuch" kommen. In Tabellenform umgesetzt, ergeben sich folgende dreißig Sterne, die – außer der offenbar korrupten Position 11 – alle auch unter den im „Fixsternbuch" genannten 44 Astrolabsternen vertreten sind:

1. *an-nāṭiḥ*	Ari	18°	Dekl. 18°	β Ari[a]
2. *qayṭus*	Ari	18	−14	β Cet[b]
3. *ra's al-ġūl*	Tau	1	36	β Per
4. *ad-dabarān*[c]	Tau	24	13° 35	α Tau
5. *al-'ayyūq*	Gem	1	43° 40	α Aur
6. *riǧl al-ǧawzā'*				β Ori
7. *mankib al-ǧawzā'*				α Ori
8. *aš-ši'rā al-yamāniya*	Gem		−15° 50	α CMa
9. *aš-ši'rā aš-ša'āmiya*	Cnc	13	7° 15	α CMi
10. *muqaddam aḏ-ḏirā'ayn*	Cnc	5	32°[d]	α Gem
11. *ra's an-nahr*	Gem	4	−14	?[e]
12. *āḫir an-nahr*			−43° 40	ϑ Eri
13. *suhayl*				α Car
14. *qalb al-asad*				α Leo
15. *faqār[f] al-ḥayya*				α Hya
16. *aṣ-ṣarfa*				β Leo
17. *as-simāk ar-rāmiḥ*	Lib		25° 30	α Boo
18. *as-simāk al-a'zal*	Lib		− 4° 45	α Vir
19. *riǧl qanṭūris*[g]			−45	α Cen
20. *qalb al-'aqrab*	Sco	22	−22° 30	α Sco
21. *'urqūb ar-rāmī*[h]			−45	β[1,2] Sgr
22. *al-fakka*				α CrB
23. *ra's al-ḥawwā'*				α Oph
24. *an-nasr aṭ-ṭā'ir*				α Aql
25. *an-nasr al-wāqi'*			38	α Lyr
26. *ḏanab ad-dulfīn*	Cap		24	ε Del
27. *ar-ridf*				α Cyg
28. *mankib al-faras*				β Peg[i]
29. *fam al-ḥūt*	Aqr	27	−36	α PsA
30. *al-kaff al-ḥaḍīb*				β Cas

Das arabische Material, das in den abendländischen Werken verwertet wurde, stammt also ausschließlich aus dem arabischen Westen, aus Spanien. Freilich fußen die spanisch-arabischen Astronomen durchaus auf den Erkenntnissen, Texten und Traditionen, die im Osten des islamischen Reiches – auf der Grundlage antiken Wissens – geschaffen wurden und die sich selbstverständlich auch bei ihnen schnell und gründlich ausgebreitet hatten. Von Maslama selbst wird berichtet, daß er sich zu Studienzwecken im arabischen Orient aufgehalten habe[13].

Die zweite Hauptgruppe umfaßt Verzeichnisse, die im lateinischen Bereich aufgrund bereits vorliegender anderer lateinischer Tafeln angefertigt wurden. Hierzu gehört vor allem als Musterbeispiel Typ VIII, wo das Material von III und VI verarbeitet ist. Bei XI ist noch nicht mit Sicherheit zu entscheiden, ob es sich um eine Neubearbeitung von III (wie

---

[a] Hier ausdrücklich „der hellere der beiden Sterne aš-šaraṭān", β Ari, und nicht der in der Nähe stehende externe Stern α Ari; im „Fixsternbuch" dagegen ist α Ari als Astrolabstern bezeichnet.

[b] Hier offenbar der südlichere, hellere Schwanzstern β Cet; im „Fixsternbuch" ist der nördlichere, schwächere Schwanzstern ι Cet als Astrolabstern bezeichnet.

[c] Unter den weiteren Namen wird auch *qalb aṯ-ṯawr* „Herz des Stiers" genannt; cf. KUNITZSCH, *Sternnamen* p. 70, Anm. 1.

[d] Dekl.: „zweiunddreißig Grad und ein Bruchteil [eines Grades]" (*wa-kasruhū*.)

[e] „Kopf, Anfang des Flusses". Definition: *kawkab nayyir taḥta r-riǧl al-yumnā* [sic] *min al-ǧawzāʾ fī nāḥiyati l-ǧanūb* „ein heller Stern unter dem rechten Fuß der ǧawzāʾ [= Orions], in südlicher Richtung". An der angegebenen Stelle findet sich jedoch kein „heller" Stern; sollte der auch sonst auf Astrolabien vorkommende Stern γ Eri gemeint sein? (Cf. KUNITZSCH, *Sternnamen* p. 70, Nr. 17 und die dort aufgeführten Namen: *masāf/masāfat an-nahr* u. ä. Das hier bei Ṣūfī stehende einmalige *raʾs an-nahr* ist sehr wahrscheinlich eine Korruption).

[f] Der gedruckte Text läßt unkorrigiert das falsche *qʾʾr* der Handschrift stehen. Als weitere Namen werden *ʿunq al-ḥayya* „Hals der [Wasser-] Schlange" und *al-fard* „der Alleinstehende" genannt, so daß die Identifizierung von α Hya und die Lesung *faqār al-ḥayya* „Rückgrat der [Wasser-] Schlange" einwandfrei gesichert sind.

[g] Text: *qyṭwrs*.

[h] In der Beschreibung p. 347, 11 ist der Name selbst ausgelassen, jedoch liest man die auf den Stern bezügliche Positionsangabe *taḥta n-naʿāʾim* „unter an-n." (cf. KUNITZSCH, *Untersuchungen* p. 83, Nr. 179) und die dazugehörige Deklination von −45°.

[i] Der Name bezeichnet klar den auch im „Fixsternbuch" als Astrolabstern gekennzeichneten β Peg; die Beschreibung dagegen lautet hier: *al-kawkab an-nayyir allaḏī fawqa š-šamālī min al-farǧ* [Text falsch: *al-farʿ*] *al-muqaddam, wa-yuqālu innahū nafs al-kawkab aš-šamālī min al-farǧ* [Text: *al-farʿ*] *al-muqaddam, ǧayra anna ṣ-ṣaḥīḥ ʿindanā huwa annahū l-kawkab allaḏī fawqahū* „der helle Stern über dem nördlichen des vorderen farǧ; man sagt auch, es sei der nördliche [Stern] des vorderen farǧ selbst [d. i. β Peg, cf. KUNITZSCH, *Untersuchungen* p. 57, Nr. 92 a/b], dagegen halte ich es für richtig, daß es der Stern darüber ist". Weiter wird noch gesagt, daß diese beiden Sterne gemeinsam mit einem nicht näher beschriebenen dritten ein Dreieck bildeten. Die Stelle muß ebenfalls korrupt sein; über β Peg steht kein auffälliger heller Stern, der hier infrage käme.

[13] BROCKELMANN, GAL I, 214.

POULLE meint) oder um eine gekürzte Ableitung aus VIII handelt. Auch
XVI und XVII sind hierzu zu rechnen.

Wie sich beobachten läßt, gibt es unter den Sternverzeichnissen gewisse
,,Stammtypen", die von epochaler Bedeutung waren und aus denen sich
sekundäre Ableitungen entwickelten.

Das gilt vor allem von Typ III, der von mehreren Astronomen des 11.
bis 13. Jahrhunderts unverändert übernommen wurde und von dem es
Kopien noch aus dem 15. Jahrhundert gibt. Er lebt außerdem weiter in
dem anderen Stammtyp VIII – sei es nun auf direktem Wege, sei es über
die Zwischenstufe XI. JOHANN VON LONDONS Verzeichnis (Typ VI) fand
Fortsetzung und Tradition in VII und VIII. Der kompilierte Typ VIII
wurde seinerseits Ausgangspunkt für mehrere andere Typen und auch
leicht abgewandelte weniger verbreitete Verzeichnisse (IX–X, eventuell
XI). Von der arabischen Azarquiel-Tafel gibt es mindestens drei (XII bis
XIV), vielleicht noch eine vierte (V) Fassung, von denen besonders XII
und XIII weiteste Verbreitung fanden.

Die Güte der lateinischen Texte reicht im allgemeinen aus, die Zuge-
hörigkeit zu einem bestimmten Typ mit Sicherheit zu erkennen. Es ist
jedoch interessant zu beobachten, welche Veränderungen im Lauf einer
Überlieferung auftreten können. So gibt es schon bei den Astrolabien
gleicher Hersteller Schwankungen in der Zahl und Identität der darauf
angebrachten Sterne; man denke an Ibn aṣ-Ṣaffār und Ibrāhīm ibn Saʿīd.
Auch die Sternverzeichnisse erleiden – in der arabischen Überlieferung –
unvorhersehbare und unerklärliche Veränderungen. So sind in I A, in
einem relativ kleinen Verzeichnis von nur 21 Sternen, zwei Positionen von
ihrem eigentlichen Platz entfernt und erscheinen unmotiviert an beliebi-
ger falscher Stelle; bei drei anderen Positionen ist ein Teil der Koordinatenwerte ausgefallen (vielleicht konnte der Kopist an diesen Stellen
seine Vorlage nicht sicher lesen). Die lateinische Version hiervon zeigt
wiederum weitere Abweichungen und Verschlechterungen, so daß die Tafel
schließlich überhaupt keinen Wert mehr als astronomisches Werkzeug aufweist und vollkommen unbrauchbar geworden ist. Auch bei der arzachelischen Tafel schwankt die Überlieferung. Die drei lateinischen Versionen
XII–XIV repräsentieren drei verschiedene arabische Fassungen hiervon,
die zwar im wesentlichen übereinstimmen, dabei jedoch kleinere Veränderungen durchaus erkennen lassen. Alle diese drei sind indes wiederum
leicht verändert gegenüber der arabischen Fassung XII A, die offensichtlich auch bereits nicht mehr den reinen, unverfälschten Azarquiel wiedergibt.

Die stärkste und am besten gesicherte Überlieferung überhaupt dürfte
der Almagest darstellen. Die anderen Traditionen sind demgegenüber
nachlässiger behandelt worden. Die Schreiber hatten in vielen Fällen
keine Vorstellung von dem, was sie da abschrieben. Sie malten Kolumne
neben Kolumne, so daß schon bei kleinsten Fehlern (Auslassungen, Ver-
doppelungen) die zueinandergehörigen Werte der Zeilen auseinandergeris-

sen und gegeneinander verschoben erscheinen. Natürlich erlitten auch die arabischen Sternnamen in den Handschriften stärkste Entstellungen. Träfe man einen solchen korrupten Namen isoliert, aus dem Zusammenhang der Tabelle und der Tradition herausgerissen, so wäre es in den meisten Fällen unmöglich, seine Identität zu ermitteln. Hier hilft nur strengste philologische Methodik, die alle Elemente der Überlieferung berücksichtigt. Gerade hinsichtlich der Namen ist auffällig, daß selbst älteste Handschriften gelegentlich bereits sehr starke Korruptionen zeigen, die andererseits in jüngeren Kopien nicht weiter fortgesetzt sind; woraus zu schließen ist, daß uns die Überlieferung nur sehr lückenhaft, ja fast nur in Form von zufälligen Durchblicken, bekannt ist.

Das umfangreiche Namenmaterial, das in den verschiedenen Sternverzeichnissen verwendet ist, ermöglicht uns, in der Geschichte der Sternnamen ein paar Schritte weiter zu kommen und ältere Quellen nachzuweisen. Die in Typ VIII neu auftretenden Namen und Bezeichnungen arabischen Ursprungs[14] können jetzt bis zu JOHANN VON LONDON, 1246, zurückverfolgt werden. Auch hier bleibt ein ungeklärter Rest: der Formulierung nach entsprechen diese Namen und Ausdrücke der Textordnung im Almagest. In der überlieferten arabisch-lateinischen Almagestübersetzung von GERHARD VON CREMONA sind sie jedoch nicht enthalten. Es bleibt also zu fragen, ob JOHANNES VON LONDON sie – selbst oder durch einen Mittelsmann – aus einer arabischen Almagestversion herausgezogen hat oder ob ihm bereits ein übersetzter Almagesttext vorlag, der diese Namen enthielt. Dann bliebe die Frage, aus welcher Zeit und von wem diese lateinisch-arabische Übersetzung stammt, die von derjenigen GERHARD VON CREMONAS verschieden wäre.

Einige weitere Namen lassen sich bereits bei JOHANN VON GMUNDEN (gest. 1442) und in der Wiener Astronomenschule feststellen, wie etwa „Ceginus" für den Stern auf der linken Schulter des Bootes, γ Boo[15]; der bei SCALIGER zitierte Ausdruck „Schomlek" für λ Sco[16], der außerdem noch früher in XIII 30 auftritt; das bisher zuerst bei STOEFFLER beobachtete, dem arabischen Original nicht entsprechende Arrangement der Namen Scheat alpheratz (β Peg) und Markab alpheratz (α Peg)[17]; sowie schließlich die falsche Verwendung von Namen der Form razd- (statt

---

[14] KUNITZSCH, *Sternnamen*, p. 92 ff.

[15] ms Stuttgart, math 4° 32, fol. 23^v–24^r, Position 30; cf. KUNITZSCH, *Sternnamen* p. 152, Nr. 75.

[16] München, Un.-Bibl. 4° 738, fol. 10^{r-v}, Position 33: sconlet aldrab; München Clm 10662, fol. 100^v: sconlec alatrab; cf. KUNITZSCH, *Sternnamen*, p. 205f, Nr. 181.

[17] Sämtliche der oben Anm. 8 genannten Stellen (auch GEORG VON NEUBURG), außer den beiden äquatorialen Verzeichnissen Melk 1099 und St. Florian XI 619, wo der Stern mit der größeren Deklination (also β) richtig markab alferas und derjenige mit der kleineren Deklination (also α) mit falscher Übertragung des eigentlich zu δ Aqr gehörigen Namens scheat alferas heißt. Cf. KUNITZSCH, *Sternnamen* p. 176f, Nr. 122 und 203f, Nr. 177.

raz-)[18]. Auch für „Bellatrix" (γ Ori) finden sich hier die bisher frühesten greifbaren Belege[19].

Die Bedeutung dieser Sternverzeichnisse liegt hauptsächlich auf kultur-geschichtlichem und philologischem Gebiet. Astronomisch interessant und ergiebig sind sie nur in Fällen, wo nachweislich eigene, von der Tra-dition unabhängige Sternbeobachtungen und -messungen vorliegen, wie gerade bei JOHANN VON LONDON (Typ VI). Die übrige Menge der eklipti-kalen Verzeichnisse jedoch enthält nichts anderes als auf dem Papier aus-geführte Umrechnungen der bekannten, seit der Antike feststehenden Almagestdaten, unter Zugrundelegung verschiedener, meist der von den Arabern (al-Battānī, cf. I A in der Überschrift) ermittelten Präzessions-werte. Auch einige Verzeichnisse mit äquatorialen Koordinaten dürften aus eigenen Messungen hervorgegangen sein, in anderen Fällen sind ihre Werte von Astrolabien abgelesen oder speziell zur Verwendung auf dem Instrument zusammengestellt. Die hier gefundenen Werte können der Natur der Sache nach nur Annäherungswerte sein, da die unvollkomme-nen Hilfsmittel jener Zeit wie auch unterschiedliche Geschicklichkeit in ihrer Handhabung erhebliche Unsicherheitsfaktoren darstellen, wozu dann noch die Überlieferungsfehler der Kopisten treten. Den so gefunde-nen Daten läßt sich also über das Historische hinaus schwerlich ein astronomischer Wert im eigentlichen Sinne zuerkennen. Schließlich dürfte es kaum übertrieben sein, wenn man annimmt, daß mancher mittelalter-liche Astronom selbst bei bekannteren Sternen nicht immer die wirkliche Identität eines in seinem eigenen (oder einem anderen) Verzeichnis be-schriebenen Objekts mit dem entsprechenden Stern am Himmel erkannte, oder anders ausgedrückt: die aus der überlieferten Texttradition stam-menden Begriffe wurden nicht immer „richtig" auf den wirklichen Stern-himmel übertragen. „Richtig" heißt dabei: in Übereinstimmung mit dem durch Ptolemäus im „Almagest" vorgezeichneten, terminologisch und astronomisch exakt definierten, in der Realität nachgewiesenen Himmels-bild. Hieraus hat der Historiker die methodische Folgerung zu ziehen, daß es unangemessen wäre, in der Auswertung jener Tafeln allzu minutiöse Berechnungen anzuwenden oder kleineren Schwankungen der Daten zu viel Bedeutung beizumessen. Grundlage der Auswertung und Identifi-kation sollte immer der „Almagest" sein, dessen Edition auch nach den arabischen und mittelalterlich-lateinischen Versionen daher ein wesent-liches Desiderat der astronomiegeschichtlichen Forschung bleibt.

Für die Edition wurden zunächst anhand der bibliographischen Vor-arbeiten die einschlägigen Textstellen gesammelt. Dabei fanden von

---

[18] An sämtlichen der oben Anm. 8 genannten Stellen; cf. KUNITZSCH, Stern-namen p. 80, Nr. 49 und 81, Nr. 51.

[19] Johann von Gmunden (die drei oben Anm. 8 genannten Stellen über das Astro-lab); Georg von Neuburg (ebenfalls an allen drei oben genannten Stellen). Cf. KUNITZSCH, Sternnamen p. 148f, Nr. 70; siehe auch unten zu XVII 11.

relativ seltenen Texten alle Vorkommen Berücksichtigung, während es geboten schien, sich bei sehr verbreiteten Schriften auf die ältesten Manuskripte zu beschränken. Von den endgültig gewählten Textstellen wurden durch die jeweiligen Bibliotheken Fotokopien bzw. Mikrofilme hergestellt. Alle nachfolgend zitierten Stellen haben also, soweit nicht in Einzelfällen anders vermerkt, dem Herausgeber augenscheinlich vorgelegen. Diese umfangreiche Vorarbeit wurde dadurch erschwert, daß nicht immer alle Angaben der Bibliographien und Verzeichnisse zutrafen. In gewissen Fällen mußte daher auf die Aufnahme des betreffenden Textes verzichtet werden. Im folgenden werden die bibliographischen Angaben im allgemeinen kurz zitiert, wobei sich die Abweichungen leicht erkennen lassen.

Bei der Edition der lateinischen Tafeln wurden die zahlreichen Abkürzungen der Handschriften ohne weiteren Vermerk voll ausgeschrieben. Da in den älteren Manuskripten der Unterschied zwischen großen und kleinen Anfangsbuchstaben oft nicht scharf genug ausgeprägt ist, wurde in der Edition grundsätzlich klein geschrieben. Nur bei einigen Typen, die in Handschriften des 15. Jahrhunderts erhalten sind, werden auch große Anfangsbuchstaben gesetzt. Eine besondere Schwierigkeit bestand häufig bei der Lesung der Buchstaben c-t und i-u-n-m; hier wurde, soweit möglich, die originalgetreueste oder eine durch sichere Parallelen gedeckte Schreibweise für die Wiedergabe gewählt.

In der Koordinatenüberlieferung gilt es, gewisse charakteristische Fehlerquellen zu berücksichtigen. In lateinischen Handschriften ist es von Bedeutung, ob die Koordinatenwerte in römischen oder in „arabischen" Zahlen geschrieben sind. Bei arabischen Quellen ist zu beachten, ob das Abǧad-Zahlensystem in der normalen oder in der abweichenden maghrebinischen Anordnung gebraucht ist[20]. Das arabische Alphabet enthält zudem ganz eigene Fehlermöglichkeiten, die oft erhebliche Sprünge in den Werten zur Folge haben können[21].

Für die Identifizierung der Sterne mit Ekliptikkoordinaten wurde als Bezugsgröße, in Übereinstimmung mit den mittelalterlichen Texten selbst, das ptolemäische Sternverzeichnis benutzt[22]. Sterne, deren ekliptikale Koordinaten hierin nicht nachweisbar sind, müssen als unidentifizierbar gelten.

---

[20] Abǧad-System, Normalform:

	'	b	ǧ	d	h	w	z	ḥ	ṭ	y	k	l	m
	1	2	3	4	5	6	7	8	9	10	20	30	40

maghrebinisch: ' b ǧ d h w z ḥ ṭ y k l m

n	s	ʿ	f	ṣ	q	r	š	t	ṯ	ḫ	ḏ	ḍ	ẓ	ġ
50	60	70	80	90	100	200	300	400	500	600	700	800	900	1000.
n	ṣ	ʿ	f	ḍ	q	r	s	t	ṯ	ḫ	ḏ	ẓ	ġ	š

[21] Cf. die ins Einzelne gehende Darstellung für das griechische und arabische Alphabet in der Almagest-Überlieferung bei PETERS-KNOBEL, *Catalogue* p. 9–14, 24. Die gleichen Beobachtungen gelten ebenso für andere einschlägige Texte.

[22] Diese 1025 Sterne sind in ausführlichen numerischen Vergleichen mit den modernen Bezeichnungen identifiziert worden von PETERS-KNOBEL, *Catalogue*.

Sterne mit Äquatorkoordinaten wurden sowohl aufgrund ihrer Namen analog zu den ekliptikal kodifizierten wie durch Vergleiche mit anderen äquatorialen Verzeichnissen und dem Himmelsatlas identifiziert. Da hier keine feste Bezugsgröße gegeben ist, wie sie Ptolemäus für die ekliptikal kodifizierten darstellt, und da die mittelalterlichen äquatorialen Koordinatenangaben bei dem Stand der damaligen Meßinstrumente immer nur sehr grob zutreffen, ist hier eine sichere Identifizierung von Sternen auf der Basis der Koordinaten allein nicht möglich. Es ist also besonderer Wert auf die Übereinstimmung von Namen und Koordinaten zu legen.

Die Etymologien der meist aus dem Arabischen stammenden Namen werden in kurzer Form angegeben[23]. Sofern von einer Übersetzung auch das Original vorgelegt werden kann, sind die Etymologien daraus abzulesen[24].

Die verschiedenen Verzeichnistypen werden durchgehend mit römischen Zahlen gekennzeichnet, die handschriftlichen Fundstellen jedes Typs durch kleine lateinische Buchstaben und die Sterne innerhalb jedes Typs durch fortlaufende arabische Ziffern. Die Großbuchstaben A und H bezeichnen arabische bzw. hebräische Texte[25].

Ausführliche Indices sollen das weitverbreitete, hier zusammengefaßte Material unter verschiedenen Gesichtspunkten ordnen, den Zugang zu weiterer Beschäftigung mit den einzelnen Texten erleichtern und Identifikationsmöglichkeiten bei der Untersuchung und Beschreibung alter Astrolabien und ähnlicher Instrumente bieten.

---

[23] Bei den bekanntesten Sternen ist dies nur bei den ersten Nennungen geschehen. Für ausführlichere Information wird grundsätzlich verwiesen auf KUNITZSCH, *Sternnamen,* und id., *Untersuchungen,* Indices.

[24] Aus I a und I A ist ersichtlich, daß beispielsweise auch der terminus „Mediatio" eine Übersetzung aus dem arabischen *tawassuṭ* darstellt, das seinerseits, wie die „wissenschaftliche" Terminologie der Araber an sich, auf ein antikes griechisches Vorbild zurückgeht (μεσουρανεῖν, μεσουράνημα, cf. u.a. al-Battānī, *Opus astronomicum,* ed. C. NALLINO, II, Mailand 1907, p. 357, s. v. *wsṭ*).

[25] III 3 p bedeutet also den dritten Stern aus dem Verzeichnis Typ III in der Version von ms Wien 5311, fol. 130rb, also hallahum.

TYP I

In einer Handschrift der „Toledanischen Tafeln" sind drei verschiedene Sternverzeichnisse enthalten, von denen mindestens zwei nicht ursprünglich diesem Corpus angehörten. Das eine davon soll unseren Typ I bilden, da es das älteste datierte aller hier behandelten Verzeichnisse ist. Seine Epoche ist das Ende des Jahres 367 der Hiǧra = 8. VIII. 978; der Längenwert weist gegenüber Ptolemäus eine Zunahme von 12° 40′ auf[1]. Die Tafel enthält 21 Sterne mit Ekliptik- und Äquatorkoordinaten. Sie ist bisher nur aus einer Stelle bekannt:

a) ms Leiden, Scal. 64, s. XIV, fol. 119ᵛ (ZINNER, *Verz.* Nr. 10935; id., *Tab. Tol.*, ms U). Das Verzeichnis ist aus dem Arabischen übersetzt. Die Abschrift ist sehr fehlerhaft: die Anordnung der Sterne ist gestört, die äquatorialen Koordinatenwerte sind sämtlich verschoben.

Das arabische Original dieses hochinteressanten Verzeichnisses umfaßt die gleichen 21 Sterne mit den gleichen Angaben, angeordnet nach ansteigender Länge, und ist Bestandteil eines Astrolabtraktats des spanisch-arabischen Astronomen Maslama al-Maǧrīṭī (gest. um 1005)[2]. Auch hiervon ist zunächst eine Fundstelle bekannt:

A) ms Paris, B. N. ar. 4821, anno 544 h = 1149/50, fol. 81ᵛ (ediert von DESTOMBES, *Astrolabe carolingien* p. 24; cf. auch ebda. p. 17, Anm. 3; 18; 25). Der Text ist ebenfalls nicht in sehr gutem Zustand: verschiedene Zahlenwerte sind hier schlechter überliefert als in a und IIa, einige Koordinatenwerte sind ganz ausgefallen; β Cas steht am Ende, müßte jedoch der Länge entsprechend die Liste eröffnen; α Oph ist ebenfalls umgestellt. Unter der Tafel steht: *tammat al-fuṣūl allatī yuḥtāǧu ilayhā fī ʿamal al-asṭurlāb min ziyādat Maslama ibn Aḥmad* „Ende der Abschnitte, die zur Herstellung des Astrolabs benötigt werden, wie sie Maslama ibn Aḥmad [scil. al-Maǧrīṭī] hinzugefügt hat". Damit ist der arabische Text als Werk Maslamas ausgewiesen. Die Aufnahme einer lateinischen Übersetzung hiervon in die „Toledanischen Tafeln" beruht auf einer späteren Kompilation.

---

[1] Zum Vergleich: aṣ-Ṣūfī benutzt in seinem „Fixsternbuch" für die Epoche Anfang 1276 Ära Alexanders = 1. X. 964 den Längenwert Ptolemäus + 12° 42′.

[2] Cf. unten p. 51f mit Anm. 3.

Die Namen in a sind leicht aus denen des Originals A abzuleiten. Die moderne Bezeichnung der Sterne ist nur bei a gegeben; sie ist entsprechend den beigefügten Parallelnummern auch auf die Sterne von A zu beziehen.

Tabula locarum stellarum fixarum in ultimo anno 367 annorum maumet

Lfd. Nr.	nomina stellarum	longi- tudo	lati- tudo	pars	media- tio	distan- cia ab equatore	pars	Lfd. Nr. in A	Mod. Bez.
1	capud allgol	42° 20	23° 0	+	56° 34	14° 12	+	1	β Per
2	aldebaran	55° 20	5° 10	—	62° 55	43° 50	+	2	α Tau
3	alaioc	67° 40	22° 30	+	90° 20	15° 35	—	4	α Aur
4	alabor	90° 20	39° 10	—	100° 40	6° 56	+	6	α CMa
5	algomeiza	102° 0	16° 10	—	203° 52	24° 56	+	7	α CMi
6	alrameh	189° 4	31° 30	+	187° 30	5° 10	—	13	α Boo
7	alazel	188° 20	2° 0	—	270° 0	38° 25	+	12	α Vir
8	vultur cadens	270° 0	62° 0	+	183° 18	56° 25	+	16	α Lyr
9	vultur uolans	286° 30	29° 10	+	169° 44	42° 4	+	17	α Aql
10	adif	221° 50	9° 0	+	234° 18	23° 5	—	19	α Cyg
11	cor scorpionis	235° 20	3° 0	—	144° 20	16° 27	+	15	α Sco
12	cor leonis	135° 40	0° 10	+	76° 21	6° 44	+	9	α Leo
13	humerus geminorum	73° 40	16° 0	—	64° 15	10° 22	—	5	α Ori
14	pes geminorum	62° 30	31° 50	—	331° 30	22° 29	+	3	β Ori
15	humerus equi	344° 50	31° 0	+	125° 49	2° 25	+	20	β Peg
16	antecedens brachia	130° 20	16° 0	—	224°			8	
17	alfeta	205° 20	44° 30	+				14	α CrB
18	alkhadib	0° 0	20° 40	+				21	β Cas
19	bennenos	162° 40	55° 0	+	197° 35	55° 30	+	11	η UMa
20	cauda leonis	156° 40	11° 50	+	161° 40	20° 4	+	10	β Leo
21	capud serpentarii	255° 30	36° 0	+	264° 0	4° 30	+	18	α Oph

Anmerkungen

Überschrift: ms ïaumet, zu lesen maumet = Muḥammad.
In der Spalte „pars" ist Septemtrio (ms: 7 t'o) = +, Meridies = —.
1: Mediation zu A 2.
2: Med. zu A 4.
3: Med. zu A 6 (dort Dekl. falsch 10° 35, cf. II 4).
4: Med. zu A 7.
5: Med. zu A 13.
6: Länge lies 189° 40; Med. zu A 12.
7: Med. zu A 16.
8: Med. zu A 17, fehlerhaft übernommen.
9: Med. zu A 19, fehlerhaft.
10: Länge lies 321° 50; Breite falsch; Med. zu A 15.

11: Med. zu A 9, fehlerhaft.
12: Med. zu A 5.
13: Med. zu A 3, fehlerhaft.
14: Med. zu A 20.
15: Med. zu A 8.
16: Cf. zu A 8.
18: Länge und Breite falsch.
19: Med. zu A 11.
20: Med. zu A 10.
21: Länge und Breite fehlen in A; Med. zu A 18.

ǧadwal li-mawāḍiʿ al-kawākib aṭ-ṯābita ʿalā raṣd Maslama ibn Aḥmad fī āḫir sanati sabʿin wa-sittīna wa-ṯalāṯimiʾatin ʿalā maḏhab al-Battānī wa-hiya l-kawākib allatī tūḍaʿu fī l-asṭurlāb („Tafel der Örter der Fixsterne nach der Beobachtung des Maslama ibn Aḥmad zum Ende des Jahres dreihundert-siebenundsechzig [8. VIII. 978] nach der Methode des al-Battānī; es sind die Sterne, die auf dem Astrolab angebracht werden")

Lfd. Nr.	Sternnamen	Länge	Breite	Rich-tung	Media-tion	Deklina-tion	Rich-tung	Lfd. Nr. in a
	asmāʾ al-kawākib	*aṭ-ṭūl*	*al-ʿarḍ*	*al-ǧiha*	*at-tawas-suṭ*	*al-buʿd ʿan muʿaddil an-nahār*	*al-ǧiha*	
1	*raʾs al-ġūl*	42° 20	23° 0	+			+	1
2	*ad-dabarān*	55° 20	5° 10	—	56° 34	14° 12	+	2
3	*riǧl al-ǧawzāʾ*	62° 30	31° 50	—	68° 15	10° 29	—	14
4	*al-ʿayyūq*	67° 40	22° 30	+	62° 55	43° 50	+	3
5	*mankib al-ǧawzāʾ*	74° 40	16° 0	—	76° 21	6° 48	+	13
6	*al-ʿabūr*	90° 20	39° 10	—	90° 20	10° 35	—	4
7	*al-ġumayṣāʾ*	102° 0	16° 10	—	100° 40	6° 56	+	5
8	*muqaddam aḏ-ḏirāʿayn*	130° 20	16° 0	—	125° 49	2° 25	+	16
9	*qalb al-asad*	135° 40	0° 10	—	134° 20	16° 27	+	12
10	*ṭaraf ḏanab al-asad*	156° 40	11° 50	+	161° 40	20° 4	+	20
11	*qāʾid banāt naʿš*	162° 0	55° 0	+	197° 35	55° 30	+	19
12	*as-simāk al-aʿzal*	188° 20	2° 0	+	187° 30	5° 10	—	7
13	*as-simāk ar-rāmiḥ*	189° 40	31° 30	—	203° 52	24° 56	+	6
14	*munīr al-fakka*	207° 20	44° 30	+			+	17
15	*qalb al-ʿaqrab*	235° 20	4° 0	—	234° 18	23° 5	—	11
16	*an-nasr al-wāqiʿ*	270° 0	62° 0	+	270° 0	38° 25	+	8
17	*an-nasr aṭ-ṭāʾir*	286° 30	29° 10	+	283° 18	6° 25	+	9
18	*raʾs al-ḥāwī*				264° 0	8° 30	+	21
19	*ar-ridf*	321° 50	60° 0	+	299° 44	42° 4	+	10
20	*mankib al-faras*	344° 50	31° 0	+	331° 30	22° 29	+	15
21	*al-kaff al-ḫaḍīb*	347°	29° 0	+			+	18

Anmerkungen

1: „Kopf der ġūl" (= γοϱγόνιον).

3: „Fuß der ǧawzā'" (= Orion). Breite bei Ptolemäus 31° 30.

5: „Schulter der ǧawzā'" (= Orion). Breite bei Ptolemäus —17° 0 (ms schlecht *yw* = 16 statt *yz* = 17).

6: Dekl.: besser überliefert i n a 3 und II 4.

7: Länge gemäß Ptolemäus korrekt 101° 50.

8: „die vordere der beiden ḏirā'". Der Name bezeichnet nach arabischer Tradition *α* Gem (cf. die im Sinne des Namens richtige Glosse in III 22 1); dafür wäre gemäß Ptolemäus zu erwarten Länge 97° 40, Breite 9° 40, sowie eine Mediation um 98° 0. Die in der Tafel gebotenen Koordinaten passen, auf der Basis der ptolemäischen Werte, zu keinem bestimmten Stern. Sie weisen jedoch, auch die Mediation (die Dekl. wäre — zu lesen statt +), auf eine Himmelsgegend, in der *α* Hya der hellste Stern ist. DESTOMBES a. a. O. p. 24, Anm. 1 identifiziert *α* Cnc, der indes ein viel zu schwacher Stern ist, als daß er in der Nähe anderer hellerer Sterne als Leit- und Orientierungsstern infrage käme. Diese Differenz zwischen Name (*α* Gem) und Position (*α* Hya) zieht sich durch die gesamte spätere Literatur (cf. II 15, III 22, VI 1, VIII 18 und 42, IX 23, X a² 16), und sie ist bereits, wie unsere Stelle zeigt, bei dem ältesten spanisch-arabischen Quellenautor greifbar; auch die arabische Tradition hat sie dann weiterüberliefert (cf. die in der Einleitung zu Typ III erwähnten arabischen Astrolabien und KUNITZSCH, *Sternnamen* p. 98 f).

9: „Herz des Löwen". Länge gemäß Ptolemäus zu erwarten 135° 10.

10: „Ende vom Schwanz des Löwen". Länge gemäß Ptolemäus 157° 10 (wieder in der arabischen Überlieferung die Verwechslung *w* = 6 und *z* = 7).

11: „der Anführer der Töchter der Bahre". Länge gemäß Ptolemäus 162° 30, Breite 54° 0.

12: „der unbewaffnete simāk". Länge gemäß Ptolemäus 189° 20, Breite — (so richtig in a).

13: „der lanzenbewaffnete simāk". Breite richtig + (so in a).

14: „der Helle von al-fakka".

15: „Herz des Skorpions".

16: „der fallende Adler".

17: „der fliegende Adler".

18: „Kopf des Schlangenträgers". Wie bereits DESTOMBES bemerkt, stimmt die Mediation nicht. Ia 21 dagegen hat den richtigen Wert 264° 0, der auch mit III 3 übereinstimmt. Das arabische Manuskript ist an der Stelle korrupt; als Länge wäre zu erwarten 247° 30, der Stern wäre somit hinter Nr. 15 einzureihen. In der Mediation (geschrieben *rṣd*) ist hier ṣ nicht, wie an den anderen Stellen der Tafel, als 90 aufzufassen, sondern nach maghrebinischem Gebrauch als 60; sodann ergibt sich auch für die arabische Tabelle der erforderliche Wert 264° 0 (cf. ähnlich XII A 28).

19: „der [auf demselben Tier, hinter dem Reiter] Mitreitende".

20: „Schulter des Pferdes".

21: „die [mit Henna] gefärbte Hand". Korrupt; gemäß Ptolemäus zu erwarten Länge 20° 30, Breite 51° 40. Der Stern müßte eigentlich, den Koordinaten entsprechend, an der Spitze der Liste stehen, selbst wenn die Präzession seit Ptolemäus unberücksichtigt bliebe. Cf. eine ähnliche Korruption bei dem gleichen Stern unten, XV 30.

Mediation und Deklination fehlen bei 1, 14 und 21; in a sind sie weggelassen bei Position 16, 17 und 18.

TYP II

Typ II weist eine gewisse Verwandtschaft mit Ia auf. Es ist eine Liste von 45 Sternen mit Äquatorkoordinaten (offenbar Rektaszension, nicht Mediation). Eine Epoche ist nicht genannt. Die ersten 20 Sterne stehen in der gleichen Reihenfolge wie die Sterne von Ia (nur Stern Ia 12 fehlt in II); darüberhinaus stimmen die Deklinationswerte mit denen in Ia bzw. A überein. Als Vorlage ist also ein arabisches Verzeichnis ähnlich I A anzunehmen, das jedoch mehr Sterne umfaßte. Es kann noch von Maslama selbst stammen oder eine spätere Erweiterung des ursprünglichen Maslama-Verzeichnisses gewesen sein. Die Orthographie einiger Namen weicht hier von Ia ab und trägt mehr spanischen Charakter (zum Beispiel q, qu, uq für k); außer den Hauptsternen erster Größe, wie in I, sind hier weitere Sterne kleinerer Größen mit aufgeführt. Ein Prinzip für die Anordnung ist nicht erkennbar. Die Rektaszension ist gezählt vom ersten Grade des Steinbocks ab[1].

Das Verzeichnis ist nur von einer Stelle bekannt:

a) Paris, B.N. lat. 7293 A, s. XIV, fol. 16ʳ (cf. POULLE, *Peut-on*... p. 315f. Laut brieflicher Mitteilung von E. Poulle sind seine dortigen Angaben dahingehend zu korrigieren, daß die Handschrift auf fol. 1–16 den Astrolabtraktat „Dixit Johannes: Cum volueris facere astrolabium accipe auricalcum optimum..." [ed. MILLÁS, *Traducciones* p. 322ff] enthalte; fol. 15–16 biete zwei Nachträge über die Fixsterne mit einem Sternverzeichnis). Die vorangehende Darstellung über die Fixsterne, wie auf dem Foto von fol. 16ʳ zu erkennen, ist gleichlautend mit dem entsprechenden Kapitel aus der Schrift über die Herstellung des Astrolabs von Hermannus Contractus. Daran schließt sich unsere Tafel. Zu Hermann gehört jedoch das Verzeichnis von Typ III; also ist unsere Tafel hier hineinkompiliert. Über den wirklichen Ursprung läßt sich nur sagen, daß es eine Übersetzung aus dem Arabischen,

---

[1] Zwei weitere gedruckt vorliegende Sternverzeichnisse beginnen die Zählung der Rektaszension ebenfalls beim 1. Grad des Steinbocks: Abū l-Ḥasan ʿAlī al-Marrākušī (210 Sterne für 1282, in französischer Übersetzung bei L. A. SÉDILLOT, *Traité des Instruments astronomiques des Arabes... par Aboul Hhassan Ali de Maroc*, I [Paris 1834], p. 276–284; cf. auch daselbst Text p. 218ff) und at-Tīzīnī (302 Sterne für 1534, ed. und übersetzt von TH. HYDE im Kommentar zu seiner Uluġ-Bēg-Ausgabe, Oxford 1665). Diese Zählmethode scheint auf al-Battānī zurückzugehen, dem dabei möglicherweise bereits die Tabulae Theonis als Vorbild gedient haben, cf. C. NALLINO, *Opus astronomicum* (al-Battānī), I p. 163f mit Nachtrag p. LXXII, sowie II p. XVII.

wahrscheinlich aus Maslama bzw. einer Bearbeitung von Maslamas Sternverzeichnis, gewesen sein muß. Zu dem Astrolabtraktat „Dixit Johannes:
…" gehört ebenfalls ein anderes Sternverzeichnis (siehe Typ IV).

Die Sterne sind hauptsächlich durch die gemeinsame Berücksichtigung
von Namen und Koordinaten identifiziert worden. In den Fällen, wo der
Name korrupt und unerklärlich ist, lassen sich die Sterne aufgrund der
Koordinaten allein nur annäherungsweise bestimmen. Die Koordinaten
hier und in den beiden ähnlichen Rektaszensionsverzeichnissen von al-
Marrākušī und at-Tīzīnī weisen untereinander starke Abweichungen auf
und können daher zu einer präzisen Identifizierung nichts beitragen[2]. So
bleibt die Identifizierung mehrerer Sterne unsicher.

Lfd. Nr.	Name	RA	Dekl.	Nr. in I a	Nr. in I A	Mod. Bez.
1	algol	120° 46 Ari	36° 30 +	1	1	β Per
2	aldebaran	144° 15 Tau	14° 12 +	2	2	α Tau
3	alhayoc	150° 11 Gem	43° 50 +	3	4	α Aur
4	alhabor	180° 20 Gem	15° 35 —	4	6	α CMa
5	algomeyza	141° 35 Cnc	5° 56 +	5	7	α CMi
6	alramuh	295° 4 Lib	24° 56 +	6	13	α Boo
7	alhezer	276° 52 Lib	5° 10 —	7	12	α Vir
8	alhuheqhi	8° 8 Sgr	38° 25 +	8	16	α Lyr
9	atayr	14° 26 Cap	6° 25 +	9	17	α Aql
10	arrēdef	32° 5 Cap	22° 4 +	10	19	α Cyg
11	calbalacrab	321° 54 Sco	23° 5 —	11	15	α Sco
12	menqueb elieuze	165° 9 Gem	6° 48 +	13	5	α Ori
13	relie lelieuze	156° 30 Gem	10° 29 —	14	3	β Ori
14	menqueb alfaraz	63° 34 Psc	22° 29 +	15	20	β Peg
15	muchd'm̄ d'aha	219° 13 Leo	2° 25 +	16	8	
16	munir elfeuq̄	311° 30 Lib	32° 4 +	17	14	α CrB
17	alhadib	80° 8 Psc	50° 30 +	18	21	β Cas
18	dane bēreznasse	286° 15 Lib	55° 30 +	19	11	η UMa
19	denebeleye	253° 4 Vir	22° 4 +	20	10	β Leo
20	elheuhe	353° 27 Sgr	8° 30 +	21	18	α Oph
21	delphin	27° 30 Cap	8° 30 +			ε Del
22	heynelheye	311° 30 Sco	17° 30 +			α Ser
23	errigel	250° 30 Cnc	47° 30 +			μ UMa
24	arrocha	129° 30 Leo	45° 30 +			ε Per
25	yenahalfaraz	56° 30 Vir	12° 30 —			γ Peg
26	denebelged	39° 30 Aqr	21° 30 —			? Cap
27	denebcaytoz	82° 4 Psc	12° 30 —			ι Cet
28	rathncaytoz	194° 4 Ari	15° 30 —			ζ Cet

[2] Cf. beispielsweise   bei Marrākušī: bei Tīzīnī:
    II a 1   RA 124° 34, Dekl. + 38° 22;   RA 130° 14, Dekl. + 39° 43.
    II a 2   147° 24,   + 14° 53;   153° 0   + 15° 43.
    II a 3   154° 49,   + 44° 25;   161° 39   + 45° 0.
    II a 45   181° 14,   — 51° 27;   183° 40   — 51° 35.

29	zeglelieuze	155° 9	Gem	3° 45 +	?
30	elfeque	298° 15	Lib	9° 0 —	α Lib
31	moded'nebalgad'	100° 4	Cap	17° 0 —	?
32	vnde qelb	191° 4	Cnc	11° 30 —	ϑ CMa
33	denebelqelb	194° 4	Gem	27° 30 —	η CMa
34	mocebelme	109° 21	Aqr	12° 0 —	λ Aqr
35	orqebenileue	158° 4	Tau	36° 0 —	?
36	modeyenecem	161° 30	Gem	37° 30 —	?
37	eneyennayog	219° 38	Leo	5° 30 —	?
38	arrami	5° 5	Cap	30° 0 —	? Sgr
39	qeuqebelleul	334° 9	Sgr	34° 30 —	?
40	esseulenicem	301° 4	Sgr	38° 30 —	?
41	almusarttū	128° 7	Ari	3° 0 —	?
42	hueqbanayre	189°			?
43	regle caytoz	189° 0	Tau	31° 3 —	?
44	orcobarrami	309° 0	Sco	47° 30 —	β Sgr
45	zuheil	180° 0	Gem	12° 0 —	α Car

Anmerkungen

4: Dekl. hier und in I a 3 besser überliefert als in I A 6.

5: RA statt 141° zu lesen 191°; Dekl.: Ia 4 und A 7 bieten + 6° 56'.

8: RA ist ca. 10° zu groß.

10: Dekl. zu lesen 42° statt 22°.

15: Der Name aus arab. *muqaddam aḏ-ḏirā'ayn* = α Gem; die Koordinaten dagegen weisen auf α Hya (Dekl. lies — statt +).

17: Dekl. zu lesen etwa 59°.

19: Dekl.: Ia 20 und A 10 bieten + 20° 4'.

20: RA ist ca. 10° zu groß.

22: arab. 'ayn al-ḥayya „Auge der Schlange", häufiger Fehler im Arabischen für 'unq al-ḥayya „Hals der Schlange"; Dekl. ist ca. 10° zu groß.

23: arab. ar-riǧl „der Fuß"; der Name und annähernd auch die Position können den Hinterfuß des großen Bären, μ UMa, bezeichnen; RA wäre dafür ca. 230° zu lesen.

24: Die Koordinaten weisen auf ε Per; dieser Stern steht nach Ptolemäus auf dem linken Knie des Perseus (23. Stern des Bildes). Hiermit stimmt auch der Name überein: arrocha = arab. ar-rukba „das Knie".

25: arab. ǧanāḥ al-faras „Flügel des Pferdes"; RA zu erwarten ca. 86° statt 56°; Dekl. zu lesen + statt —.

26: arab. ḏanab al-ǧady „Schwanz des Steinbocks"; wegen der mangelnden Präzision der Koordinaten ist nicht genau festzulegen, ob hier γ oder δ Cap gemeint ist, auf welche beide gleichermaßen der Name zuträfe.

27: arab. ḏanab qayṭus „Schwanz des Walfisches".

28: arab. baṭn qayṭus „Bauch des Walfisches"; RA zu lesen 104° statt 194°.

29: Der Name scheint Derivat aus arab. tāǧ al-ǧawzā' „Krone der ǧawzā'" zu sein, womit in der arabischen Tradition neun Sterne des Orion (nach Ṣūfī der 17. bis 25. im ptolemäischen Bild, cf. KUNITZSCH, *Untersuchungen* p. 112f, Nr. 295) bezeichnet werden; hier ist wahrscheinlich der sechste (π^3), siebente (π^4) oder achte (π^5) davon gemeint.

30: Die Koordinaten weisen auf α Lib (die Dekl. eher zu β Lib); elfeque ist offenbar Verwechslung des hierhergehörigen Namens al-kiffa „Waagschale" mit dem von CrB her bekannten al-fakka (cf. ähnlich auch XV 20, 21).

31: Die Koordinaten weisen auf die Gegend von τ Cet bzw. ηϑ Cet; der Name läßt sich nicht deuten; vielleicht ist *ḏanab* „Schwanz" aus der ptolemäischen Definition von $\eta\vartheta$ Cet mit darin enthalten.

32: arab. *uḏn al-kalb* „Ohr des Hundes" (bzw. *uḏnā l-kalb* „die beiden Ohren des Hundes"), der 2. Stern im ptolemäischen Bild.

33: arab. *ḏanab al-kalb* „Schwanz des Hundes", der 18. Stern im ptolemäischen Bild.

34: arab. *maṣabb al-mā'* „der Ort, wo das Wasser [aus-]strömt"; der 23. Stern nach Ptolemäus, den Ṣūfī mit λ Aqr identifiziert. RA wäre dafür etwa 59° zu lesen.

35: Die Koordinaten weisen auf a Col (bei Ptolemäus der 10. externe des Großen Hundes), der Name ist nicht deutbar.

36: Die Koordinaten weisen auf β Col (bei Ptolemäus der 9. externe des Großen Hundes), der Name ist nicht deutbar.

37: Die Koordinaten weisen auf a Hya, der Name ist nicht deutbar.

38: arab. *ar-rāmī* „…des Schützen"; ohne nähere Definition nicht zu identifizieren, da hierfür mehrere Sterne des Schützen in Frage kommen; die Koordinaten weisen grob auf ζ Sgr.

39: Die Koordinaten weisen auf ε Sco, der nach Ptolemäus auf dem ersten Schwanzwirbel des Skorpions steht. Möglicherweise steckt in -eleul das hierher gehörige arab. *al-awwal/al-ūlā* „der/die erste".

40: Bei Korrektur der RA in 341° wäre hier λ oder v Sco zu verstehen, die beide nach Ptolemäus auf dem Stachel des Skorpions stehen. esseule- könnte zu arab. *aš-šawla* „Stachel [des Skorpions]" gehören.

41: Bei positiver Deklination (+ statt vorhandenem —) wäre etwa a Cet bezeichnet; der Name ist undeutbar.

42: Angaben unvollständig, Name undeutbar.

43: Die Koordinaten könnten grob gesehen (RA besser 180° statt 189°) auf ζ CMa zutreffen, der nach Ptolemäus auf dem rechten (Vorder-)Fuß steht. Auch der Name ließe sich aus arab. *riǧl al-kalb* „Fuß des Hundes" herleiten (caytoz hier vom Schreiber in der Vorlage nicht als Derivat von [al-]kalb = qelb in Nr. 32 und 33 erkannt, sondern fälschlich als caytoz = *qayṭus* aus Nr. 27 und 28 aufgefaßt. Dem $\varkappa\tilde{\eta}\tau o\varsigma$ sind in der Astrothesie keine Füße zugeteilt). Ebenso wäre es möglich, den Namen aus arab. *riǧl qanṭūris* abzuleiten (= a Cen, cf. oben S. 7, Nr. 19; im Arabischen häufig verschrieben qyṭwrs, vom Übersetzer als qyṭws = $\varkappa\tilde{\eta}\tau o\varsigma$ verlesen), doch stimmen die Koordinaten nicht hierzu (cf. später bei Tīzīnī p. 84: RA 310° 43, Dekl. – 59°17).

44: arab. *'urqūb ar-rāmī* „Achillessehne des Schützen"; RA zu lesen etwa 359°.

45: arab. *suhayl;* Dekl. zu lesen — 52° statt — 12°.

TYP III

Eines der ältesten und traditionsreichsten ist das nun zu behandelnde Verzeichnis. Es umfaßt 27 Sterne mit Äquatorkoordinaten, in einer Reihenfolge, wie sie sich beim Ablesen von einem Astrolab ergibt. Die Tabelle erscheint in Traktaten über die Herstellung des Astrolabs. Ihr erstes Auftreten ist in Spanien zu beobachten (LUPITUS VON BARCELONA, Ende des 10. Jahrhunderts), wo sie auch noch in einer Handschrift des zehnten Jahrhunderts erhalten ist.

Die Sternnamen beweisen, daß eine arabische Vorlage anzunehmen ist. Die Mediationen zeigen engen Zusammenhang mit denen von Maslama al-Maǧrīṭī (I A). Wenn auch bisher kein unmittelbares arabisches Original festgestellt ist, so ergibt sich doch aus philologischen wie aus chronologisch-historischen Aspekten, daß das Vorbild bei Maslama bzw. in der Maslama-Schule zu suchen ist [1]. Da die Sterne nicht, wie üblicherweise in systematischen Listen und wie auch bei Maslama, nach Tierkreiszeichen aufsteigend angeordnet sind, sondern in einer Reihenfolge, wie sie sich beim Ablesen von einem Astrolab ergibt, muß man ferner annehmen, daß die Tafel nicht Bestandteil eines übersetzten Textes war, sondern anhand eines dem Autor vorliegenden arabischen Astrolabs eingerichtet wurde.

Unter arabischen Astrolabien jener Gegend und Zeit wäre in diesem Zusammenhang in erster Linie zu denken an das sogenannte „Astrolab Silvesters II.", das wahrscheinlich noch dem zehnten Jahrhundert angehört [2]. Seiner Bezeichnung nach erscheint es mit GERBERT und so auch mit dem spanischen arabisch-lateinischen Astronomenkreis verbunden. Seine 25 Sterne kommen jedoch nicht als Vorlage für unseren Typ III in Frage [3]. Von Maslama selbst oder aus seiner Zeit ist bisher kein erhaltenes Astrolab bekannt geworden. Die frühesten erhaltenen spanisch-arabischen Astro-

---

[1] DESTOMBES, *Astrolabe carolingien* p. 20 und 40 möchte die 27 Sterne aus Ṣūfī herleiten; doch kann dieser hier nicht als unmittelbare Quelle in Frage kommen, da weder die Sterne im „Fixsternbuch" noch diejenigen im „Buch über die Arbeit mit dem Astrolab" mit den Sternen und Werten von Typ III übereinstimmen (cf. auch oben S. 6 mit Anm. 10).

[2] Anonym; cf. GUNTHER Nr. 101 (datiert auf ca. 990); S. G. FRANCO, *Catálogo Crítico de astrolabios existentes en España,* Madrid 1945, Nr. 3 (datiert auf ca. 1002); DESTOMBES, *Astrolabe carolingien* p. 14.

[3] Von den 27 Sternen aus Typ III fehlen hier Nr. 5, 10 und 27; statt α Gem (Nr. 22) findet sich α Hya, ʿunq aš-šuǧāʿ „Hals der Hydra".

labien stammen von Muḥammad Ibn aṣ-Ṣaffār[4], das eine von 1026 mit 21 Sternen[5] und das zweite von 1029 mit 29 Sternen[6]. Von den Astrolabien des Ibrāhīm ibn Saʿīd (Mitte des 11. Jahrhunderts) sind nicht alle[7] genügend bekannt; besonders das zweite unten in der Anmerkung beschriebene kommt dem Typ III sehr nahe. Ein jüngeres Astrolab aus dem Jahre 1208 von Abū Bakr Yūsuf aus Marrākuš[8] dagegen enthält genau die 27 Sterne von Typ III; also hat sich die alte Maslama-Tradition auch im arabischen Bereich lange erhalten. Immerhin werden leichte Schwankungen hinsichtlich der aufgenommenen Sterne selbst bei den gleichen Astronomen sichtbar. Die in Typ III fixierte Sammlung dürfte also rein zufällig aus einer solchen arabischen Version heraus entstanden sein. In Europa hatte sie dann jahrhundertelang kanonischen Charakter.

---

[4] Offenbar ein Bruder des bekannten spanisch-arabischen Astronomen und Maslama-Schülers Abū l-Qāsim Aḥmad ibn ʿAbdallāh Ibn aṣ-Ṣaffār al-Ġāfiqī (gest. 1035, cf. BROCKELMANN, GAL I 224, Suppl. I 401f). Nach KRAUSE, *Stambuler Handschriften...* p. 473, Nr. 196, heißt in der Istanbuler Handschrift Yahya Ef. 244, 10°, 80ᵛ–98ᵛ, der Verfasser des sonst unter dem bekannten Namen Aḥmad Ibn aṣ-Ṣaffār laufenden Astrolabtraktats abweichend Muḥammad Ibn aṣ-Ṣaffār.

[5] Sämtlich unter denen von III; aus III sind nicht vorhanden Nr. 5, 13, 16, 22, 26 und 27. Vergleich mit I A: es fehlen aus I A zwei Sterne (Nr. 8 und 10), stattdessen finden sich III 17 und III 18, die nicht in I A vertreten sind. Beschreibung bei DESTOMBES, *Astrolabe carolingien* p. 19 mit Anm. 35.

[6] Cf. STEINSCHNEIDER, ZDMG 18 (1864), p. 118ff, Tab. III B; GUNTHER Nr. 116; L. A. MAYER, *Islamic Astrolabists and Their Works*, Genf 1956, p. 75; DESTOMBES, *Astrolabe carolingien* p. 19. Vergleich mit III: es fehlt aus III ein Stern (Nr. 27, μ UMa); stattdessen finden sich drei andere: ι UMa, *yad ad-dubb* „Vorderfuß des [Großen] Bären"; α Hya, *an-nayyir min kawākib aš-šuǧāʾ* „der Helle von den Sternen der Hydra" (sic, neben α Gem, *muqaddam aḏ-ḏirāʿayn*! Cf. I A 8, III 22); α Ser, *ʿunq al-ḥayya* „Hals der Schlange". Vergleich mit I A: Bis auf I A 10 sind alle Sterne aus I A auch auf dem Astrolab von 1029 vertreten.

[7] 1: Astrolab von 1066/7, Toledo, mit 26 Sternen (cf. GUNTHER Nr. 117; FRANCO, *Catálogo* Nr. 12; MILLÁS, *Assaig* p. 66f; MAYER p. 50/I; DESTOMBES, *Astrolabe carolingien* p. 20): von den Sternen aus III fehlen hier Nr. 22 (stattdessen erscheint α Hya, *an-nayyir min kawākib aš-šuǧāʾ* „der Helle von den Sternen der Hydra"), 24 und 27; neu erscheint α Ser. 2: Astrolab von 1067/8, Toledo, mit 28 Sternen (cf. GUNTHER Nr. 118; MAYER p. 50ff/II; DESTOMBES, *Astrolabe carolingien* p. 20): es finden sich die gleichen Sterne wie in III (aber statt α Gem: α Hya, *munīr aš-šuǧāʾ* „der Helle der Hydra") zuzüglich α Ser. 3: Astrolab von 1086, Valencia (cf. GUNTHER Nr. 121; MAYER p. 50ff/V; DESTOMBES, *Astrolabe carolingien* p. 20): da mir keine Abbildung des Netzes vorlag, war es nicht möglich festzustellen, welche Sterne sich darauf befinden.

[8] Vgl. die Tabelle KUNITZSCH, *Sternnamen* p. 90f. Zum Instrument cf. ferner F. SARRUS, *Description d'un astrolabe...*, Mém. Soc. d'Hist. Nat. IV, Strasbourg 1853; Abbildung daselbst Tafel IV; GUNTHER Nr. 124; MAYER p. 32/I. Ein zweites Astrolab des gleichen Astronomen vom Jahre 1218 enthält 21 Sterne; cf. L. A. SÉDILLOT, *Mémoire sur les instruments astronomiques des Arabes*, Paris 1844, p. 176 (= id., *Matériaux pour servir à l'histoire comparée des Sciences mathématiques chez les Grecs et les Orientaux*, Paris 1845, p. 345); GUNTHER Nr. 125; MAYER p. 32f/IV; von diesen 21 Sternen stimmen nur 16 mit Typ III überein; neu sind β Leo, α Cet, α Ser, δ oder α Peg und ι UMa.

Charakteristisch an der Tafel ist vor allem der zweite Koordinatenwert. Die erste Koordinate gibt die „Mediation" (auch dem Ausdruck nach aus arabischer Vorlage, *tawassut*), die zweite bietet nicht, wie sonst üblich, dazu die Deklination, sondern einen bestimmten trigonometrischen Wert[9], für den es kein anderweitiges Vorbild gibt. Da die Koordinaten in den meisten Handschriften übrigens in römischen Zahlen geschrieben waren, ergeben sich ganz spezifische Fehlerquellen in der Überlieferung von III.

Die in III gebrauchten Sternnamen werden auch in dem – wahrscheinlich echten – Astrolabtraktat GERBERTS[10] aufgeführt; einige der hier beigefügten Erklärungen erscheinen im Laufe der späteren Überlieferung von III als Glossen.

Ein spätes Nachleben in ganz anderem Zusammenhang war elf Sternen dieser Liste beschieden: in einem Lobgedicht RICHERS VON METZ (um 1135) auf den heiligen Martin treten sie zu dessen Preis auf[11].

Zu späteren europäischen Instrumenten, die rein die Nomenklatur von III wiedergeben, gehört das italienische Astrolab GUNTHER Nr. 166.

Entsprechend ihrer Bedeutung und weiten Verbreitung ist die Tafel bereits mehrfach gedruckt worden:

1. J.MILLÁS, *Assaig* p. 300ff, aus fünf Handschriften:
   a) Ripoll 225, s. X, fol. 9ᵛ–10ʳ (abgebildet *Assaig*, Làmina VII): „De mensura volvelli", wahrscheinlich von LUPITUS VON BARCELONA. Zur Handschrift cf. R. BEER, *Die Handschriften des Klosters Santa Maria de Ripoll*, S.B. Ak.Wiss. Wien, Phil.-Hist. Kl., Bd. 155, Abh. 3, 1907 (I), p. 57f.
   b) Leiden, Scal. 38, s. XI, fol. 41ʳ–43ʳ.
   c) Vat. Reg. 598, s. XI, fol. 117ʳ–118ʳ.
   d) Vat. Reg. 1661, s. XI ex. – XII in., fol. 73ᵛ–75ᵛ.
   e) Avranches, ms 235, s. XII, fol. 9ᵛ–10ʳ.
2. PEZ, *Thesaurus anecdotarum novissimarum* III, II p. 94ff (von hier auch übernommen bei STEINSCHNEIDER, ZDMG 18 [1864], p. 118ff, Tab. III C; und bei MIGNE, *Patrologia Latina* 143 [1882; die Universitätsbibliothek Köln enthält einen Druck von 1853 mit einigen Abweichungen in der Schreibung

---

[9] Cf. zu dieser komplizierten Frage DRECKER a.a.O. p. 215f; MICHEL, Ciel et Terre 56 (1951), p. 98; POULLE, *Peut-on...* p. 316ff; ZINNER, *Instrumente* p. 136f.

[10] Ed. N.BUBNOV, *Gerberti postea Silvestri II papae opera mathematica*, Berlin 1899, p. 136–138: Kap. XVII: De vocabulis Latinis et Arabicis stellarum et formationibus earundem.

[11] Siehe M.MANITIUS, *Lateinische Literatur des Mittelalters*, III (1931) p. 834 mit Anm. 5; W. DEINERT, *Ritter und Kosmos im Parzival*, München 1960, p. 161. Es erscheinen (in der Reihenfolge des Verses) die Sterne Nr. 11, 8, 7, 26, ein nicht ableitbarer (gedihf), 12, 16, ein nicht ableitbarer (gerit), 13, 27 und 24. Bei dieser Gelegenheit sei auf ein späteres deutsches Gedicht des kurfürstlich brandenburgischen Leibmedicus LEONHART THURNEISSER hingewiesen: ΜΕΓΑΛΗ ΧΥΜΙΑ, Berlin 1583, Buch VII, Kap. 23 (p. 114f): „Von anfengen und endungen etlicher Arbeitten / im auff vnd vntergang der fürnembsten fixen Gestirn / kurtz in Reimen verfasset." In sieben astrologischen Lehrstrophen treten hier 43 Sternnamen in der zu jener Zeit verbreiteten Form auf.

der Sternnamen], col. 379 ff; aus MIGNE weiter abgedruckt bei R. T. GUNTHER, *Astrolabes* II p. 404 ff), nach einer Handschrift:

    f) Salzburg, a V 7, s. XII, fol. 1 ff (ZINNER, *Verz.* Nr. 4162: Hermannus Contractus, Herstellung des Astrolabs).

3. J. DRECKER, in Isis 16 (1931), p. 210 ff, aus:

    g) München, Clm 14836, s. XI, fol. 16^v (ZINNER, *Verz.* Nr. 4160: Hermannus Contractus, Herstellung des Astrolabs).

4. MILLÁS, *Traducciones* p. 319 aus:

    h) Madrid, Bib. Nac. 10009, s. XIII, fol. 19vb (cf. *Traducciones* p. 171). Hier sind zwischen Position 11 und 12 vier Duplikate eingeschoben, so daß sich insgesamt 31 Positionen ergeben.

5. A. HOLDER, in Neues Archiv für ältere deutsche Geschichtskunde 13 (Hannover 1888), p. 631–632, aus:

    i) Karlsruhe, ms Aug. CXLVI, s. X–XI, fol. 113^r (ZINNER, *Verz.* Nr. 4186).

6. KUNITZSCH, *Sternnamen* p. 90f, aus:

    k) Paris, B. N. lat. 7412, s. XI, fol. 19^v. Hier handelt es sich um eine Zeichnung mit Namenliste, keine regelrechte Tabelle.

7. DESTOMBES, *Astrolabe carolingien* p. 25, Tab. II (col. 2, 3, 4) aus:

    l) Paris, B. N. lat. 7412, s. XI, fol. 5^v (Longitudines stellarum secundum latitudinem subtus scriptam fac in astrolapsu). Das von DESTOMBES a. a. O. p. 25, Anm. 4 vermerkte zwischen den Zeilen (genauer: in der zweiten Koordinatenkolumne von Nr. 25, alhaioc, dort Position 24) stehende arabische Wort „nasch" bzw. nach der Korrektur „ban" lese ich *ǧās* (*ǧ* nach maghrebinischem Stil, der Punkt unten); es scheint keinerlei Bezug weder auf den Stern noch auf die betreffende Koordinate noch gar auf den in l fehlenden Stern η UMa, *banāt naʿš*, zu haben. Die Version l scheint dem arabischen Original besonders nahe zu stehen; einige Übersetzungen der arabischen Namen stehen vereinzelt da, cf. besonders Nr. 22, wo l als nahezu einzige bekannte Stelle der gesamten Literatur die richtige Bedeutung des Namens von α Gem. wiedergibt. Ein Stern (Nr. 10) fehlt.

Darüber hinaus findet sich das Verzeichnis noch u. a. an folgenden Stellen:

    m) Darmstadt, ms 947, s. XII, fol. 169^v–170^r (ZINNER, *Verz.* Nr. 4165: Hermannus Contractus, Herstellung des Astrolabs).

    n) Wolfenbüttel, Cod. Guelf. 51, 9 Aug. 4°, s. XIII, fol. 94^v (ZINNER, *Verz.* Nr. 4178: Hermannus Contractus, Herstellung des Astrolabs).

    o) Wien, ms 12600, s. XII–XIII, fol. 20^r (ZINNER, *Verz.* Nr. 4175: Hermannus Contractus, Herstellung des Astrolabs). Auf fol. 21^r daselbst sind die gleichen Sterne noch einmal tabellarisch aufgeführt, in der Reihenfolge bestimmter Einzelteile des Astrolabs, auf denen sie anzubringen sind.

    p) Wien, ms 5311, s. XIV–XV, fol. 130rb (ZINNER, *Verz.* Nr. 10210: Sterne). Toledanische Tafeln, darin fünf Sternverzeichnisse; über diesem hier steht: Tabula stellarum fixarum in longitudine et latitudine sumpta ex astrolabio antiquo. Freilich muß das Verzeichnis einem Text entnommen sein; von einem Instrument ließen sich die Positionen nie so genau ablesen, daß die bekannten Werte dieses Typs dabei herauskämen.

q) Madrid, Bib. Nac. 10006, s. XIII, fol. 13ᵛ (MILLÁS, *Traducciones* p. 158:
   Astrolabtext, sehr ähnlich demjenigen, zu dem h gehört).

r) Oxford, Bodleiana, ms Can. Misc. 340, s. XVI, fol. 54 (Foto bei R. T. GUN-
   THER, *Early Science in Oxford*, Oxford 1923, II p. 205): ein Sternverzeichnis von Typ IV, dem der Schreiber in einer zusätzlichen Kolumne neben
   den dortigen lateinischen Bezeichnungen die arabischen Namen von Typ
   III hinzugefügt hat.

Die Auswahl n–r umfaßt nur Stellen, die bei der Arbeit an anderen Texten mit beobachtet wurden. Die Kataloge verzeichnen sehr viel mehr
Handschriften, die ebenfalls den Astrolabtext des HERMANNUS CONTRAC-
TUS enthalten. Sie wurden hier nicht sämtlich herangezogen, da die ältesten Handschriften, soweit bekannt, bereits erfaßt sind.

Nach HERMANNUS CONTRACTUS (gest. 1054) haben auch andere Autoren
diese Tabelle unverändert in ihre Astrolabtraktate übernommen:

s) ASCELINUS (Bischof von Laon, 977–1030): ms Avranches 235, s. XII, fol.
   73ʳ (ZINNER, *Verz.* Nr. 851a).

t) ADELARD VON BATH (Mitte des 12. Jahrhunderts): Cambridge, Fitzwilliam Museum, ms Mac Clean 165, fol. 88ᵛ (cf. H. MICHEL, in Ciel et
   Terre 56 [1951], p. 98).

u) RAIMUND VON MARSEILLE (12. Jahrhundert, vor 1141): Paris, B.N. lat.
   10266, anno 1486, fol. 111ᵛ: Tabula ptolomei de stellis fixis [cf. XIf]
   (POULLE, *Peut-on...* p. 311, 316f; id., *Raymond* p. 867, ediert ebda.
   p. 886).

v) ARIALDUS (12. Jahrhundert): Paris, B.N. lat. 16652, s. XIII, fol. 32ʳ⁻ᵛ
   Mitte (POULLE, *Peut-on...* p. 311, 316f).

w) JOHANNES DE SACROBOSCO (13. Jahrhundert): München, Clm 28229, s.
   XIV, fol. 68ᵛ (ZINNER, *Verz.* Nr. 4660: Johannes de Sacrobosco, Astrolab;
   Sternverzeichnis = Hermannus).

Die Tabelle soll hier noch einmal vorgeführt werden, und zwar nach der
ältesten und grundlegenden Version a, wozu ausgewählte Varianten aus
den nicht edierten Handschriften m–w gegeben werden. Dabei lagen vor a
(Abbildung bei MILLÁS a. a. O.), die Drucke, sowie Fotokopien von i–w.

Die Reihenfolge der Sterne ist meist die gleiche wie in a. Sehr auffällig
ist die abweichende Anordnung in der sehr alten Handschrift l: 15. 14. 22.
13. 2. 3. 5. 6. 7. 24. 27. 1. 8. 19. 20. 21. 23. 12. 11. 4. 18. 17. 16. 25. 26. 9;
Nr. 10 fehlt. o hat einige Störungen, da der Schreiber versucht hat, die
Lage der Sterne auf dem Astrolab nach eigener Ansicht wiederzugeben.
tuv haben die Sterne nach Tierkreiszeichen aufsteigend geordnet; dabei
ergibt sich die Reihenfolge 16. 24. 7. 19. 25. 15. 20. 14. 21. 27. 22. 23. 26.
13. 12. 10. 1. 2. 11. 3. 9. 4. 5. 8. 18. 6. 17.

Lfd. Nr.	latitudo	altitudo	casae	stelle	Mod. Bez.
1	24	65	libra	alramech	α Boo
2	16	71	scorpius	alfecat	α CrB
3	24	57	sagittarius	alhawi	α Oph
4	14	54	capricornius	altair	α Aql
5	25	59	capricornius	delfin	ε Del
6	30	65	aquarius	alferat	β Peg
7	22	73	taurus	alhcadib	β Cas
8	29	73,5	capricornius	alrif	α Cyg
9	1	72	capricornius	wega	α Lyr
10	18	74	libra	benenas	η UMa
11	25	14	scorpius	calbagrab	α Sco
12	8	41	libra	alcimec	α Vir
13	18	41	virgo	algurab	γ Crv
14	1	32	cancer	alhabor	α CMa
15	8	39	gemini	rigel	β Ori
16	20	36	aries	pantangaitot	ζ Cet
17	20	35	pisces	denebgait	ι Cet
18	7	19	aquarius	denebalix	δ Cap
19	27	41,5	taurus	aldevaran	α Tau
20	18	55	gemini	malgevze	α Ori
21	11	56	cancer	algoize	α CMi
22	6	52	leo	aldiraan	
23	19	61	leo	calbalaze	α Leo
24	10	71	taurus	algol	β Per
25	3	74	gemini	alhaioc	α Aur
26	19	75	leo	arrucaba	ϑ UMa
27	26	72	cancer	egreget	μ UMa

Anmerkungen

latitudo: l: altitudo o: Hii gradus sunt ptuv: longitudo mqv: keine Kolumnenüberschriften.

altitudo: l: latitudo o: Hic est numerus ptuv: latitudo.

casae: Seltene alte Übersetzung aus arab. *buyūt*, Plural von *bayt* „Haus, Tierkreiszeichen" l (col. b): alkawekib .i. stellę (arab. *al-kawākib* „die Sterne") o: Hec sunt signa ibidem (scil. in ipso zodiaco) pqs: signa tuv: nomina signorum.

stelle: In mnw gelegentlich Positionsbeschreibungen hinzugefügt („in pegaso" u.ä.), die nicht immer zutreffen p: lateinische Übersetzungen hinzugefügt, die späteren Tafeln entstammen.

1: v: Tierkreiszeichen (Lib) übergangen, statt dessen Sco (vom folgenden Stern); alle folgenden Zeichen, nach der Reihenfolge von v, um eine Zeile nach oben verschoben; die Namen sind jedoch vollständig, in der gleichen Reihenfolge wie auch bei tu.

2: arab. *munīr al-fakka* „der Helle von al-fakka" (auch kurz nur *al-fakka*); daraus m: elfeca uel mimir, u: elfeca .i. ma' m'tis (manus mortis?); POULLE, *Raymond* p. 886 liest: „majus martis[?]" – auf jeden Fall ein korruptes Derivat aus „mimir" o.ä. = arab. *munīr*) Glossen: 1: claudus.

3: arab. *al-ḫāwī*, seltenere spanisch-arabische Form neben dem üblichen *al-ḫawwā'* „Schlangenträger" n: alharmi alhif p: hallahum u: albinti v: aacrab (zweiter Teil des Namens aus der vorangehenden Zeile, Nr. 11, hierher geraten).

4: arab. *an-nasr aṭ-ṭā'ir* „der fliegende Adler" m: altahir uel abiazra n: altoxhirpabiatus q: altair abazra u: atau uel abiara v: nair, Med. um eine Zeile nach
   unten verschoben, und so alle folgenden bis zum Ende der Tabelle, in der
   Reihenfolge von v w: alcahirr Glossen: l: vultur uolans.

5: Als Astrolabstern ist bei den Arabern eingeführt ε, der hellste Stern des Bildes.
   Die nur sehr grob passenden Koordinaten lassen nicht zu, mit Sicherheit stattdessen etwa α zu identifizieren t: adelphin u: adelfil v: adelfin Glossen: mn:
   in cauda capricorni (unzutreffend).

6: Der meistgebrauchte Astrolabstern aus dem Pegasus, vor allem auch in
   arabischen Quellen, ist β, *mankib al-faras* „Schulter des Pferdes" u: alferait
   .i. equs v: alpheraiequs Glossen: mn: in pegaso.

7: n: alhathr v: aladih Glossen: l: manus tr'ntas, mn: in telo (cf. auch Pseudo-
   Gerbert, ed. BUBNOV p. 137, 9). Identifizierung: POULLE, *Raymond* p. 886
   falsch: α Eridani.

8: n: albalus q: ahcif u: abur (!) v: ahrif Glossen: l: portatus, mn: in cigno.

9: q: veiga u: vuegeza v: vuegega Glossen: l: uectus, m: in lira, n: in libra (leg.
   lira).

10: Fehlt in l q: benech nááss w: venetuala Glossen: m: in themone, n: in temone
    (cf. Pseudo-Gerbert, ed. BUBNOV p. 136, 19).

11: u: calba alia acrab v: corbaal (der zweite Teil des Namens, aacrab, ist in die
    folgende Zeile als Name zu Nr. 3 geraten) Glossen: l: cor scorpi, mn: in scor-
    pione.

11a: h (Einschub): Mangamal Psc 13, 80; der Name ist deformierter Bestandteil der
     Bezeichnung von Stern Nr. 20.

11b: h (Einschub): Algozene Gem 10, 61; der Name ist Duplikat der Bezeichnung
     von Stern Nr. 21.

11c: h (Einschub): —— Psc 5, 67; (kein Name genannt).

11d: h (Einschub): Adridf Psc 25, 45; der Name ist Duplikat der Bezeichnung von
     Stern Nr. 8.

12: v: alzinic w: alkimel.

13: n: alchimeachi (mit dem Namen des vorangehenden Sterns kontaminiert)
    qw: algurali Glossen: l: ala corui, mn (unzutreffend): humerus equi. Die später
    für diesen Stern auftretende Glosse „in centauro" geht ebenfalls auf die älteste
    Tradition zurück, cf. Pseudo-Gerbert, ed. BUBNOV p. 138, 9–10.

14: n: alhahoc in piscibus (Glosse unzutreffend).

15: u: riohel v: sigel Glossen: l: oer'n pes.

16: arab. *baṭn qayṭus* „Bauch des Walfisches" t: catoyzpatan u: pantancalatoy
    v: pantancrea w: pencacartos Glossen: l: uenter catti.

17: Nach arabischer Tradition gilt ι Cet als Astrolabstern, nicht der hellere süd-
    liche Schwanzstern β u: denepratior w: de'iepcatoz Glossen: l: cauda, m: in
    piscibus.

18: Nach arabischer Tradition gilt von den beiden Schwanzsternen δ als Astrolab-
    stern, *ḍanab al-ǧady* „Schwanz des Steinbocks" o: liedideneba u: lidinep
    w: budepcaton (mit dem Namen des vorangehenden Sterns kontaminiert)
    Glossen: m: in ca[pricorno].

20: arab. *mankib al-ǧawzā'* „Schulter der ǧawzā'" l (als Name): humerus gemi-
    norum m: maleuze (darüber: uel xe) uel algeuze n: algomeiza uel maleidee
    (der Name des folgenden Sterns ist mit in diesem aufgegangen, dadurch alle
    folgenden Namen um eine Zeile heraufgesetzt, die letzte Position ohne Namen)
    o: manchalangauze q: maleuçe uel algengen w: melanze.

21: f: malerixe (Alternativname von Nr. 20) ist fälschlich als Bezeichnung zu
    Nr. 21 gesetzt, alle folgenden Namen entsprechend um eine Zeile nach unten
    verschoben, zuletzt arrucaba und egreget gemeinsam in der Zeile von Nr. 27
    m: algoyze uel algomeiza.

22: Der Name (aus arab. [*muqaddam*] *aḏ-ḏirāʿayn* „[die vordere] der beiden *ḏirāʿ*")
gehört zu *a* Gem; die Mediation dagegen bezieht sich wahrscheinlich auf den
hellen Stern *a* Hya (cf. I A 8); POULLE, *Raymond* p. 886 identifiziert ε Leo;
dieser Stern, nach Ptolemäus „der südliche am Kopf des Löwen", kann hier
weder dem Namen noch der Position nach gemeint sein und erscheint auch
sonst auf keinem mir bekannt gewordenen orientalischen oder älteren abendländischen Astrolab. n: addira alcoie Glossen: l: brachium (abgesehen von
I 16, die einzige Stelle der gesamten Literatur, an der noch die richtige Bedeutung des Namens erfaßt ist!), m: in leone (cf. Pseudo-Gerbert, ed. BUBNOV
p. 137, 16: aldiraan, id est frons – wofür MILLÁS, *Assaig* p. 155, Anm. 1, aus
ms Ripoll 225 die Lesung „algebaha, id est frons" notiert).

23: u: calbazedan.

24: n: algonposse (Glosse „pes dexter agitatoris" [so in m] mit dem Namen zusam-
mengewachsen; cf. ähnlich oben Nr. 6 v).

26: Der Name bezieht sich auf ϑ UMa, *ar-rukba* „das Knie" (des Großen Bären);
später wird er auf den Polarstern, *a* UMi, übertragen v: arucalba Glossen:
l: genu.

27: Wahrscheinlich arab. *ar-riǧl* „der Hinterfuß" (des Großen Bären), μ UMa.

TYP IV

Zu einem Text über die Astrolabherstellung „Dixit Johannes: Cum uolueris facere astrolabium accipe auricalcum optimum..."[1], der wahrscheinlich von JOHANNES HISPALENSIS (Mitte des 12. Jahrhunderts, Toledo) selbst verfaßt bzw. kompiliert ist und der keine reine Übersetzung darstellt, gehört ein Verzeichnis von 29 Sternen mit Äquatorkoordinaten (Mediation). Die Sterne sind nach Tierkreiszeichen aufsteigend angeordnet. Eine Epoche ist nicht angegeben. Das Verzeichnis ist nach Zusammensetzung und Terminologie unbedingt als eigener Typ anzusprechen. Auffällig sind vor allem die eigenartigen und vereinzelt dastehenden Übersetzungen der arabischen Sternnamen. Wie diese zeigen, müssen der Bearbeitung arabische Quellen mit zugrunde gelegen haben. Vielleicht sind die Namen von einem arabischen Astrolab abgelesen[2].

Vorkommen:

a) Wien, ms 2452, s. XIII, fol. 13ᵛ (ZINNER, *Verz.* Nr. 2265: Johannes Hispalensis, Astrolab).
b) Oxford, Bodleiana, ms Can. Misc. 340, s. XVI, fol. 54 (cf. oben IIIr; Foto bei R. T. GUNTHER, *Early Science in Oxford,* Oxford 1923, II p. 205). Hier handelt es sich nach p. 200, Anm. 2 ebenfalls um den Astrolabtraktat des Johannes Hispalensis. Der Schreiber hat versucht, die lateinischen Namen in einer weiteren Kolumne rechts mit den entsprechenden arabischen Namen aus Typ III gleichzusetzen, wobei ihm zwangsläufig einige Fehler unterlaufen sind, da die beiden Tafeln nicht übereinstimmen.

Die Wiedergabe erfolgt nach a.

---

[1] Ed. MILLÁS, *Traducciones* p. 322ff aus ms Madrid, Bib. Nac. 329 (Verzeichnis von 1727), ohne Sterntafel. Der gleiche Text steht auch in ms Paris, B.N. lat. 7293 A, fol. 1ff., dabei jedoch ein anderes Sternverzeichnis (siehe oben Typ IIa).

[2] Fast die gleichen Sterne, insbesondere auch die Sterne Nr. 10, 11 (*ḏaqan aš-šuǧā'* „Bart, Kinn der Hydra", ζ Hya), 13 und 19, finden sich auf dem Astrolab des ebenfalls aus der spanisch-arabischen Astronomenschule hervorgegangenen Muḥammad ibn Futūḥ al-Ḥamā'irī von 621h = 1224 (GUNTHER, *Astrolabes* Nr. 130; L. A. MAYER, *Islamic Astrolabists and Their Works,* Genf 1956, p. 64ff/VI); von den 29 Sternen des Typs IV fehlen dort Nr. 4 und 23; stattdessen erscheinen *'unq aš-šuǧā'* „Hals der Hydra", α Hya (neben ζ Hya!) und *ka'b al-faras* „Knöchel des Pferdes" (Ptolemäus: σφυρόν), κ Peg.

Lfd. Nr.	hic est locus polorum siue artici uel antartici	locus meridionalis uel septentrionalis. gradus	locus stellarum 12 signorum. gradus	hic est locus signorum et nomina eorum	nomina stellarum positarum in rethe astrolabii	Mod. Bez.
1	—	15	21	Ari	venter murilegi	ζ Cet
2	+	34	7	Tau	caput draconis	β Per
3	+	15	30	Tau	occulus tauri	α Tau
4	+	0	8	Tau	manus leprosi	α Cet
5	+	48	8	Gem	alayoch	α Aur
6	—	10	11	Gem	pes geminorum	β Ori
7	+	6	19	Gem	cubitus geminorum	α Ori
8	—	15	3	Cnc	brachium dextrum	α CMa
9	+	3	15	Cnc	brachium sinistrum	α CMi
10	+	42	27	Cnc	manus ursi	ι UMa
11	—	7	1	Leo	barta serpentis	α Hya
12	+	18	18	Leo	cor leonis	α Leo
13	+	44	18	Leo	pes ursi	μ UMa
14	—	14	22	Vir	ala corui	γ Crv
15	—	7	12	Lib	deposita	α Vir
16	+	55	20	Lib	alcayt	η UMa
17	+	24	24	Lib	lancea	α Boo
18	+	30	18	Sco	corona	α CrB
19	+	10	7	Sco	collum serpentis	α Ser
20	—	24	27	Sco	cor scorpionis	α Sco
21	+	13	15	Sgr	pastor	α Oph
22	+	38	3	Cap	vultur cadens	α Lyr
23	+	11	26	Cap	delfin	ε Del
24	+	6	16	Cap	vultur uolans	α Aql
25	+	43	3	Aqr	cauda galline	α Cyg
26	—	19	11	Aqr	cauda capricornij	δ Cap
27	+	24	4	Psc	cubitus equi	β Peg
28	+	54	21	Psc	palma picta	β Cas
29	—	12	24	Psc	cauda murilegi	ι Cet

Anmerkungen

1: aus arab. *baṭn qayṭus* „Bauch des Walfisches"; Dekl. b 14°; in b gleichgesetzt mit pantangaitot aus Typ III (Stern 16).

2: aus arab. *ra's al-ġūl* „Kopf der ġūl"; Dekl. b 7°; in b gleichgesetzt mit algol (III 24).

3: aus arab. *'ayn aṯ-ṯawr* „Auge des Stieres"; in b gleichgesetzt mit aldebaran (III 19).

4: aus arab. *al-kaff al-ǧaḏmā'* „die verstümmelte Hand"; keine Gleichsetzung in b.

5: arab. *al-'ayyūq*; Dekl. b 45°; Med. b Gem 7°; b hat als lateinische Bezeichnung abweichend prima pliadum, aber dazu die Gleichsetzung mit alhaioc (III 25), die der Überlieferung in a entspricht.

6: aus arab. *riǧl al-ǧawzā'* „Fuß der ǧawzā'"; in b gleichgesetzt mit rigel (III 15).

7: aus arab. *mankib al-ǧawzā'* „Schulter der ǧawzā'"; Med. b Gem 18°; in b gleichgesetzt mit malgeuze (III 20).

8: aus arab. *aš-ši'rā al-yamāniya* „der südlichere ši'rā"; in b gleichgesetzt mit dem etymologisch nicht klaren und daher nicht richtig erkannten egreget (III 27), das zu Nr. 13 gehören würde.

9: aus arab. *aš-šiʿrā aš-šaʾāmiya* „der nördlichere šiʿrā"; Dekl. b 7°; in b richtig gleichgesetzt mit algoiza (III 21).

10: aus arab. *yad ad-dubb* „Vorderfuß des Bären"; Dekl. b 50°; Med. b Cnc 28°; in b falsch gleichgesetzt mit alhabor (III 14), das oben zu Nr. 8 gehört.

11: Der lateinische Ausdruck stammt offenbar aus arab. *ḏaqan aš-šuǧāʿ* „Bart oder Kinn der Hydra" (Ptolemäus: γένυς), ζ Hya. Der Name und die Mediation bezeichnen ζ Hya (cf. auch oben Anm. 2), die Deklination weist eher auf den hellen Stern α Hya. In b mit aldiraan (III 22) gleichgesetzt, welcher Stern ja in III anstelle von α Hya aufgeführt wird.

12: aus arab. *qalb al-asad* „Herz des Löwen"; in b gleichgesetzt mit calbalaze (III 23).

13: aus arab. *riǧl ad-dubb* „Hinterfuß des Bären"; Dekl. b 45°; Med. b Leo 20°; in b gleichgesetzt mit arrucaba (III 26, ϑ UMa), da die Entsprechung in III (27: egreget) nicht erkannt wurde.

14: aus arab. *ǧanāḥ al-ǧurāb* „Flügel des Raben"; in b gleichgesetzt mit algurab (III 13).

15: aus arab. *al-aʿzal* „der Waffenlose"; in b gleichgesetzt mit alciamech (III 12).

16: arab. *al-qāʾid* „der Anführer"; in b ausgelassen.

17: aus arab. *ar-rāmiḥ* „der Lanzenbewaffnete"; in b gleichgesetzt mit arramech (III 1).

18: aus arab. *al-fakka*; in b gleichgesetzt mit elfecat (III 2).

19: aus arab. *ʿunq al-ḥayya* „Hals der Schlange"; in b keine Gleichsetzung, da dieser Stern in III nicht vorkommt.

20: aus arab. *qalb al-ʿaqrab* „Herz des Skorpions"; in b gleichgesetzt mit calbagra (III 11).

21: aus arab. *ar-rāʿī* „der Hirt", altarabischer Name von α Oph; in b richtig gleichgesetzt mit alhawi (III 3).

22: aus arab. *an-nasr al-wāqiʿ* „der fallende Adler"; in b falsch gleichgesetzt mit altair (III 4), das zu Nr. 24 gehört.

23: aus arab. *ad-dulfīn* „der Delphin"; Dekl. b 21°; Med. b Cap 16°.

24: aus arab. *an-nasr aṭ-ṭāʾir* „der fliegende Adler"; in b falsch gleichgesetzt mit wega (III 9), das zu Nr. 22 gehört.

25: aus arab. *ḏanab ad-daǧāǧa* „Schwanz des Vogels"; in b falsch gleichgesetzt mit alferath (III 6), das zu Nr. 27 gehört.

26: aus arab. *ḏanab al-ǧady* „Schwanz des Steinbocks"; Dekl. b − 20°; in b gleichgesetzt mit benebaliz (III 18).

27: aus arab. *mankib al-faras* „Schulter des Pferdes"; Med. b Psc 3°; keine Gleichsetzung in b (fälschlich zu Nr. 25 gesetzt).

28: aus arab. *al-kaff al-ḥaḏīb* „die [mit Henna] gefärbte Hand"; in b ausgelassen.

29: aus arab. *ḏanab qayṭus* „Schwanz des Walfisches"; in b gleichgesetzt mit denebgait (III 17).

TYP V

Einer der dem Messahalla zugeschriebenen Texte über die Herstellung des Astrolabs enthält, wie die meisten Traktate dieser Klasse, zwei Sternverzeichnisse. Das zweite davon stellt einen Typ für sich dar, der auf einer eigenen Übersetzung beruhen muß. Es enthält 19 Sterne mit Ekliptikkoordinaten; die Längenzunahme gegenüber Ptolemäus beträgt in 9 Fällen 15° 10′. Eine Epoche ist nicht angegeben; der Längenwert Ptolemäus + 15° 10′ würde auf eine Zeit um 1200 weisen. Die Sterne sind nach Tierkreiszeichen ansteigend geordnet, wobei sich drei Gruppen abzeichnen: Nr. 1–12, 13–18 und 19.

Die Schreibweise der arabischen Namen und die Übersetzungen einiger arabischer Ausdrücke (*mankib* = scapula, Nr. 4 und 18) stehen sowohl innerhalb der Messahalla-Tradition wie auch unter allen anderen Typen vereinzelt da. Als Ausgangspunkt dieses Typs muß ein arabisches Original angenommen werden.

Es zeigen sich auffällige Übereinstimmungen mit dem arzachelischen Sternverzeichnis (XII A): Die Sterne in V haben, bis Nr. 14 und von 16 bis 18 lückenlos, die gleiche Reihenfolge wie in XII A. V kann indes nicht aus lateinischen Derivaten des arzachelischen Verzeichnisses (Typen XII–XIV) abgeleitet werden; der Name von Nr. 2 geht auf das arabische *al-ǧawzā'* zurück, während jene dafür Derivate von *al-ǧabbār* haben. Ferner ist in jenen *α* Aql hinter *α* Lyr eingeordnet, also gegenüber dem arabischen Original eine Umstellung vorgenommen worden, während in V der Stern diejenige Stellung einnimmt, die er auch bei Azarquiel hatte (XII A 27, vor *α* Cyg). Die Einteilung in drei Gruppen (nach drei Größenklassen) stammt ebenfalls von Azarquiel.

In der Handschrift steht V zusammen mit einem typischen Verzeichnis der Pseudo-Messahalla-Gruppe (XI a). Das mag jedoch nicht darüber hinwegtäuschen, daß hier aller Wahrscheinlichkeit nach ein Derivat des arzachelischen Verzeichnisses vorliegt.

Das Verzeichnis V ist bekannt von einer Stelle:

a) ms Cambridge, Universitätsbibliothek, ms Hh. 6. 8, fol. 236; ediert von W. W. SKEAT, *A Treatise on the Astrolabe by Geoffrey Chaucer,* London 1872, p. XLVf. Hiernach erfolgt die Wiedergabe.

Tabula stellarum fixarum; que est longitudo earum a capite arietis,
et que latitudo earum ab equatore diei

Lfd. Nr.	nomina stellarum fixarum maximarum	signa	longi- tudo	lati- tudo	pars latitu- dinis	Mod. Bez.
1	aldebaran .i. oculus tauri	Tau	28° 2	5° 10	—	α Tau
2	raglesiosen .i. pes canis	Gem	4° 0	31° 50	—	β Ori
3	alhaios .i. stella rubea	Gem	10° 23	22° 30	—	α Aur
4	malkanabar .i. scapula canis	Gem	17° 10	17° 0	—	α Ori
5	asaare vel alhabor. hec est stella magna	Cnc	2° 40	39° 10	—	α CMa
6	algumeiza	Cnc	14° 40	16° 10	—	α CMi
7	galbaiced .i. cor leonis	Leo	17° 40	0° 10	+	α Leo
8	neirpha .i. cauda leonis. magna est	Vir	9° 40	11° 50	+	β Leo
9	azimecalazel .i. stella cum lancea	Lib	11° 10	2° 0	—	α Vir
10	azimecaramech .i. habens lanceam	Lib	12° 30	31° 30	+	α Boo
11	anazaliaka vel wega .i. aquila cadens	Cap	2° 30	62° 0	+	α Lyr
12	fonmahout .i. os piscis	Aqr	22° 10	23° 1	—	α PsA
13	bacelmara vel rigel .i. caput femine	Ari	2° 40	26° 0	+	α And = δ Peg
14	bacelgohol .i. capud demonis	Tau	14° 50	23° 0	+	β Per
15	galbaragraph .i. cor scorpionis	Sco	27° 40	3° 0	—	α Sco
16	araranathair .i. aquila uolans	Cap	18° 30	29° 4	+	α Aql
17	panafadigega .i. cauda galline	Aqr	24° 20	9° 0	+	α Cyg
18	machanastaraz .i. scapula equi	Psc	17° 20	31° 0	+	β Peg
19	galbahahot .i. cor piscis, quod quidam uocant genu femine	Ari	9° 3	26° 20	+	β And

Anmerkungen

1: Längenzunahme gegenüber Ptolemäus unregelmäßig: + 15° 22; arab. *ad-dabarān*, die Glosse vielleicht bereits aus dem arab. *'ayn aṭ-ṭawr* „Auge des Stieres" übernommen.

2: Längenzunahme unregelmäßig: + 14° 10; arab. *riǧl al-ǧawzā'* „Fuß der ǧawzā'"; im Lateinischen Kopistenfehler canis für orionis.

3: Längenzunahme: + 15° 23; Breite falsch — statt +; arab. *al-'ayyūq*, unübersetzbarer Eigenname, die Glosse vom Übersetzer selbst hinzugefügt.

4: arab. *mankib al-ǧabbār* „Schulter des Riesen [= Orion]" (von Skeat irrig als zu *al-'abūr*, Nr. 5, gehörig gedeutet); canis lateinischer Kopistenfehler für orionis (siehe oben Nr. 2).

5: Längenzunahme: + 15° 0; arab. *aš-ši'rā al-'abūr*, unübersetzbarer Eigenname; die Glosse vom Übersetzer selbst hinzugefügt, wie oben bei Nr. 3.

6: Längenzunahme nach arabischer Überlieferung: + 15°30, nach griechischer Überlieferung: + 15° 10; arab. *(aš-ši'rā) al-ǧumayṣā'*.

7: arab. *qalb al-asad* „Herz des Löwen".

8: arab. *(aṣ-)ṣarfa* „der [Wetter-] Umschlag"; die Glosse, wie oben bei Nr. 1, vielleicht bereits aus dem arab. *ḏanab al-asad* „Schwanz des Löwen" übersetzt.

9: Längenzunahme: + 14° 30; arab. *as-simāk al-aʿzal* „der waffenlose simāk"; in der Glosse statt cum zu lesen sine o. ä.

10: Längenzunahme: + 15° 30; arab. *as-simāk ar-rāmiḥ* „der lanzenbewaffnete simāk".

11: arab. *an-nasr al-wāqiʿ* „der fallende Adler"; der Zusatz „vel wega" bezeugt, daß der Übersetzer bzw. Bearbeiter auch andere Sternlisten mit dem geläufigeren und kürzeren Namen kannte, der freilich auf das gleiche arabische Original zurückgeht.

12: arab. *fam al-ḥūt* „Maul des Fisches".

13: Längenzunahme: + 14° 50; arab. *ra's al-mar'a* „Kopf der Frau"; der Zusatz „vel rigel" an dieser Stelle ist unerklärlich; möglicherweise liegt ein Lesefehler vor. Der Stern *α* And ist gleichzeitig als *δ* Peg: *surrat al-faras* „Nabel des Pferdes"; „rigel" = *riǧl* „Fuß" ist auf jeden Fall hier unpassend (cf. XII A 32).

14: arab. *ra's al-ǧūl* „Kopf der ǧūl".

15: Längenzunahme: + 15° 0; arab. *qalb al-ʿaqrab* „Herz des Skorpions".

16: Längenzunahme: + 14° 40; arab. *an-nasr aṭ-ṭā'ir* „der fliegende Adler".

17: Breite richtig: + 60° 0; arab. *ḏanab ad-daǧāǧa* „Schwanz des Vogels".

18: arab. *mankib al-faras* „Schulter des Pferdes".

19: Längenzunahme: + 5° 13; arab. *qalb al-ḥūt* „Herz des Fisches"; genu femine sind nach Ptolemäus *υτ* And (linkes Knie) und *φ* And (rechtes Knie), während *qalb al-ḥūt* von den Arabern mit *β* And identifiziert wird, der jedoch nach Ptolemäus der südlichste von den drei Sternen auf dem Gürtel ist; die Glosse genu femine ist also in jedem Falle unzutreffend.

TYP VI

In mehrfacher Weise interessant ist eine Tafel, die JOHANN VON LONDON 1246 in Paris zusammenstellte (40 Sterne mit Ekliptikkoordinaten).

Die Sternpositionen sind nicht auf die übliche Art durch Addition einer Präzessionskonstante aus dem Almagest errechnet. Nach Angabe der Überschrift wurden sie vielmehr mit Hilfe des „instrumentum armillarum" bestimmt. Die nach dieser Methode eigenständig gefundenen Werte weichen meist um einige Grad von denen des Almagest ab; bei den Längen ist daher keine konstante Zunahme gegenüber Ptolemäus zu beobachten[1]. Von dieser Beobachtung zeugt bereits die Anmerkung eines alten Benutzers in der Handschrift a, unten am Rand: addunt super almagesti forte 15 gradus et est corrupta tabula. Der Vorwurf der Verderbtheit wird dabei zu Unrecht erhoben; im Gegenteil, dies ist einer der ganz seltenen Fälle, wo ein Autor eigene Beobachtungen anstellt und nicht lediglich Buchwissen weiter überliefert.

Daß hier eigene Beobachtung vorliegt, tritt auch sehr klar in den von der klassischen Almagestform abweichenden anschaulichen Positionsbeschreibungen einiger Sterne hervor, siehe Sterne Nr. 3, 15, 17, 18, 19, 20, 24, 26, 31, 35, 38 und 39.

Hier begegnen auch zum erstenmal jene neuen Namen und Ausdrücke, die dann wieder in Typ VIII auftreten[2]. Damit dürfte die „unbekannte Quelle"[3] gefunden sein, aus der der Kompilator von VIII geschöpft hat (vgl. auch die Einleitung zu Typ XI). Offen bleibt aber weiterhin, woher JOHANN VON LONDON diese Namen und Ausdrücke übernommen hat. Sie zeigen ausgesprochen die Form, in der sie im Text der Sternbeschreibungen des Almagest auftreten. Die arabisch-lateinische Almagestübersetzung von GERHARD VON CREMONA enthält jedoch in den bisher bekannten Handschriften und dem Druck von 1515 diese rund zwanzig arabischen termini und Namen nicht. JOHANN VON LONDON kann sie also nur einem Almagest nach einer anderen arabisch-lateinischen Version entnommen haben, von der bisher nichts Näheres bekannt ist, oder er hat – über einen des Arabischen kundigen Mittelsmann, da er selbst wohl kaum Arabisch

---

[1] POULLE, *Peut-on...* p. 315 hat eine durchschnittliche Zunahme von 15° 17' errechnet. Cf. generell auch id., *Quadrant* p. 191 ff.

[2] Mit zwei Ausnahmen: VIII 5 und 30.

[3] KUNITZSCH, *Sternnamen* p. 92 ff.

gelesen haben dürfte – direkt aus einem arabischen Almagesttext geschöpft.

So hat JOHANN VON LONDON einen in jeder Hinsicht originellen Beitrag geleistet, dem, über den Tafeltyp VIII, ein langes Nachleben beschieden war. Zugleich ist er der Urheber von etwa zwanzig Sternnamen, die in Europa bis heute ständig weiter in Gebrauch blieben.

Die Nomenklatur dieses Typs hat auf zwei wichtigen Astrolabien des späten Mittelalters Verwendung gefunden[4].

Folgende Stellen wurden benutzt:

a) Wien, ms 5311, s. XIV–XV, fol. 130^v (ZINNER, *Verz.* Nr. 11037: Tafeln, und Nr. 4657: Johann Sacrobosco [ZINNER schreibt an allen Stellen irrtümlich so; doch ist Johann Sacrobosco, gest. 1256, von Johann von London, gest. um 1270, zu unterscheiden], 35 Sterne für 1246).

b) Paris, B. N. lat. 7413 (2), s. XIV, fol. 36^r (POULLE, *Peut-on...* p. 313ff).

c) Erfurt, Amplon. 4° 366, s. XIV, fol. 50^v–51^r (ZINNER, *Verz.* Nr. 4655: Johann Sacrobosco, 35 Sterne für 1246).

d) Madrid, Bib. Nac. ms 10053, s. XIII, fol. 17^v (MILLÁS, *Traducciones* p. 184). Einige Sterne sind in der Reihenfolge geringfügig verändert.

e) Wien, ms 5412, s. XV, fol. 159^v (ZINNER, *Verz.* Nr. 4659: Johann Sacrobosco, 35 Sterne für 1246). Das gleiche Verzeichnis wird anschließend auf fol. 160^{r-v} noch einmal wiederholt, und zwar aufgegliedert nach den Astrolabteilen, auf denen die Sterne anzubringen sind.

f) Wien, ms 5442, s. XV, fol. 133^v (ZINNER, *Verz.* Nr. 4658: Johann Sacrobosco, 35 Sterne für 1246; F. SAXL, *Verzeichnis mythologischer und astrologischer Handschriften des lateinischen Mittelalters*, S.B. Heidelberger Ak. Wiss., II [1927], p. 157; auch hier wird Johann Sacrobosco als Autor genannt, wahrscheinlich auf die Autorität ZINNERS). Der Schreiber von f hat eine Tafel des Typs III zum Vergleich mitbenutzt und daraus einige Glossen sowie zwei zusätzliche Sterne aufgenommen.

g) Erfurt, Amplon. 4° 369, s. XIV, fol. 217^r (ZINNER, *Verz.* Nr. 10939: Toledanische Tafeln, darin mehrere Sternverzeichnisse; Nr. 4656: Johann Sacrobosco, 35 Sterne für 1246). Nach der Überschrift ist das eine Bearbeitung der 40-Sterne-Tafel des JOHANN VON LONDON durch seinen Schüler ROGER LINCONUS, die vier Jahre später, also 1250, erfolgt ist. Fünf Sterne des Grundtyps sind fortgefallen. Neben den eklipikalen Koordinaten, die mit denen bei JOHANN VON LONDON identisch sind, werden hier zusätzlich auch zu jedem Stern Mediation und Deklination gegeben.

Die Wiedergabe erfolgt nach a mit ausgewählten Varianten aus den anderen Handschriften. Die Koordinaten sind auch abgedruckt bei POULLE, *Peut-on...* p. 314 (Tafel II).

---

[4] GUNTHER, *Astrolabes* Nr. 290; cf. ebda. I p. 44f (MORLEY); H. MICHEL, *Traité de l'Astrolabe*, Paris 1947, Planche III, und id., Ciel et Terre 3–4 (1948). Zur Datierung der beiden Instrumente: terminus post quem ist also 1246.

Tabula stellarum fixarum que ponuntur in astrolabio verificata parisius per magistrum Johannem de Londonijs per instrumentum armillarum anno domini .1246. cum longitudine sua a principijs signorum in quibus ipse sunt et latitudine ab orbe signorum .i. ab ecliptica. Et hic sunt scripta nomina earum ab ipso editore tabule sicut uere in astrolabio ponuntur

Lfd. Nr.	Nomina signorum	Nomina stellarum cum suis explicationibus	Longitudo	Latitudo	Magnitudo	Mediation (g)	Deklination (g)	Mod. Bez.
1	Ari	aldramin .i. dextrum adiutorium cephei	1° 0	70° 0	2			α Cep
2		alpheraz .i. equs et est super vmbilicum eius communis ei et capiti andromede	4° 0	26° 0	2	Psc 22° 0	25° 0	δ Peg = α And
3		batenkaitoz .i. uenter ceti et est in quadrangulo corporis eius meridiana orientalis de quatuor	10° 0	—20° 0	3	Ari 19° 0	—14° 0	ζ Cet
4		mirach siue ren andromede	20° 0	27° 0	2			β And
5		pectus cassiepie. et nominatur arabice sceder .i. pectus	26° 0	46° 0	2	Psc 29° 0	51° 0	α Cas
6		illa que est super caput arietis secundum ptolomeum. et secundum abrachis est super musidam eius	27° 0	10° 40	2	Ari 24° 0	20° 0	α Ari
7	Tau	naris ceti. et nominatur arabice menkar .i. naris et secundum quosdam est in guttere eius	2° 0	—12° 15	2	Tau 6° 0	1° 0	α Cet
8		algemb .i. latus persei dextrum	20° 0	30° 0	2	Tau 10° 0	46° 0	α Per
9		algetanar .i. flumen. et est in reflexione riui eridani	22° 0	—33° 0	2	Tau 23° 0	—16° 0	γ Eri
10		aldebaran .i. oculus tauri. et est de quarta mansione lune	28° 0	— 5° 0	1	Tau 30° 0	14° 30	α Tau
11	Gem	rigil algeuze .i. pes audacis s. orionis	21° 30	—30° 12	1	Gem 5° 0	— 8° 0	β Ori

Lfd. Nr.	Nomina signorum	Nomina stellarum cum suis explicationibus	Longitudo	Latitudo	Magnitudo	Mediation (g)	Deklination (g)	Mod. Bez.
12		alhaioth .i. hircus seu cap(er?)	10° 0	22° 40	1	Gem 6° 0	44° 0	α Aur
13		bedalgeuze .i. humerus audacis dexter	15° 0	15° 40	2			α Ori
14	Cnc	alhaabor. que est in ore canis maioris. et est in ultimitate luminis	18° 0	−39° 30	1	Cnc 2° 0	−15° 30	α CMa
15		raz .i. caput primi geminorum et est obscurius capite secundi	9° 0	10° 10	2			α Gem
16		algomeisa que est in collo canis minoris	16° 0	−15° 0	1	Cnc 13° 0	7° 0	α CMi
17		markeb .i. nauis et est illa que sequitur alhabor. et creditur quod sit de naui	20° 0	−43° 30	3	Cnc 22° 0	−23° 0	ρ Pup
18	Leo	edubh .i. ursa. et est in quadrato maioris urse clarior et est super dorsum eius	4° 0	49° 40	2	Leo 30° 0	44° 0	α UMa
19		sub sinistro pede ipsius urse posteriore et sunt due coniuncte	10° 0	28° 10	3			μ UMa
20		alfart .i. singularis et est in reflexione ydre	15° 0	−22° 0	3	Leo 10° 0	− 5° 0	α Hya
21		calbelezed .i. cor leonis	18° 0	− 0° 30	1	Leo 18° 0	15° 0	α Leo
22	Vir	denebelezed .i. cauda leonis	9° 0	12° 10	1	Vir 15° 0	20° 0	β Leo
23		benenaz .i. filia forci. et est in extremitate caude urse maioris	16° 0	53° 0	2	Lib 20° 0	51° 0	η UMa
24		algorab .i. coruus et est in quadrangulo corui meridiana orientalis	29° 0	−15° 30	3	Vir 23° 0	−13° 0	γ Crv
25	Lib	alchimech .i. inermis. et est super palmam sinistram virginis	11° 30	− 2° 0	1	Lib 11° 0	− 7° 0	α Vir
26		alramech .i. lanceator. et non est in forma alicuius ymaginis et uocatur alchimech ab arace	13° 0	31° 30	1	Lib 27° 0	23° 0	α Boo

Lfd. Nr.	Nomina signorum	Nomina stellarum cum suis explicationibus	Longitudo	Latitudo	Magnitudo	Mediation (g)		Deklination (g)	Mod. Bez.
27	Sco	elfeta. et ipsa est clarior in corona adriangne	1° 20	44° 10	2	Sco	19° 0	29° 0	α CrB
28		yed .i. manus sinistra serpentarij cum qua tenet serpentem et sunt due coniuncte	22° 0	17° 30	3	Sco	27° 0	— 2° 0	δ Oph
29		calbalacrab .i. cor scorpionis	28° 20	— 4° 0	1	Sco	26° 0	—25° 0	α Sco
30	Sgr	razalangue .i. caput serpentarij	10° 30	36° 20	2	Sgr	16° 0	13° 0	α Oph
31		razcaben .i. caput draconis. s. diuidentis ursas	12° 0	74° 6	3	Sgr	23° 0	51° 0	γ Dra
32	Cap	alwega .i. cadens et est uultur cadens	1° 0	62° 30	1	Cap	3° 0	39° 0	α Lyr
33		altair .i. uolans et est uultur uolans	20° 0	29° 0		Cap	17° 0	7° 0	α Aql
34	Aqr	delfin et est in rumbo delfini orientalior	6° 0	32° 30	3	Cap	29° 0	12° 0	γ Del
35		deneb algedi .i. cauda capricorni. et est duarum coniunctarum orientalior	13° 0	— 2° 30	2	Aqr	15° 0	—19° 0	δ Cap
36		arif .i. gallina et uocatur arabice (et) aldigege	21° 0	60° 30	2	Cap	30° 0	42° 0	α Cyg
37		cinf .i. musida equi qui arabice dicitur alferaz. latine pegasus	21° 0	23° 0	2	Aqr	15° 0	6° 0	ε Peg
38		sceath .i. crus et est meridiana duarum in crure aquarij	27° 0	— 7° 40	3	Psc	1° 0	—20° 0	δ Aqr
39	Psc	bedalferaz .i. humerus equi et est clarior in eius quadrangulo	20° 0	31° 0	2	Psc	7° 0	23° 0	β Peg
40		denebkaytoz .i. cauda ceti et est in caude ceti ramo meridiano	21° 0	—20° 0	2	Ari	1° 0	—22° 0	β Cet

Anmerkungen

Überschrift: b: Tabula stellarum fixarum que ponuntur in astrolabio verificata parisius per instrumentum armillarum anno domini 1246 cum longitudine sua a principiis signorum in quibus ipse sunt et latitudine earum ab orbe signorum et hic sunt scripta nomina earum ab eo qui tabulam fecit sicut vere in astrolabio poni debent c: Tabula stellarum fixarum que ponuntur in astrolabio verificata parysius per instrumentum armillarum Anno christi 1246 cum longitudine sua a punctis signorum in quibus ipse sunt et latitudine earum ab orbe signorum et hic sunt scripta nomina earum ab eo qui tabulam composuit sicut vere in arabico nominantur d: Tabula stellarum fixarum; am Fuße der Tafel steht: Tabula stellarum fixarum uerificata per instrumentum armillarum in ciuitate parisius. Et est longitudo earum arcus orbis signorum interceptus inter circulum magnum transeuntem per polos orbis signorum et per principium arietis et circulum transeuntem per eosdem polos in stellam. latitudo uero earum est distancia earum ab orbe signorum. et est tum arcus cuius uis circuli transeuntis per polos orbis signorum interceptus inter orbem signorum et circulum transeuntem per stellam equi distanter orbi signorum e: Alia tabula stellarum fixarum f: Tabula stellarum fixarum (in späterer Schrift: ad annum christi 1242 verificatarum per instrumentum armillarum); am Fuße der Tafel steht: Hec est tabula stellarum fixarum que ponuntur in astrolabio verificata per instrumentum armillarum Anno christi 1242 cum longitudine sua a punctis signorum in quibus ipse sunt et latitudine earum ab orbe signorum. et hic sunt scripta nomina earum ab eo qui tabulam fecit sicut vere in arabico nominantur. Notandum quod nemo credat quod stelle posite in hac tabula mediant celum cum gradibus suis vnde non possunt per istam tabulam in albentabut per lineas certas [rectas?] sed per circulos collocari g: Tabula stellarum fixarum que in astrolabio poni solent verificata per instrumentum considerationis anno domini .1246. deinde post annos .4. examinata ad concordiam instrumenti quod fecit Rogerus Linconus secundum doctrinam magistri Jo. de London' famosi astronomi cuius nempe R. fuit discipulus.

1: Fehlt in g bcf: alderaimin d: aldheraymin Der Name ist abzuleiten aus arab. (*muqaddam*) *aḏ-ḏirā'ayn* ,,(die vordere) der beiden dirā'" = α Gem, hier jedoch für α Cep gebraucht; auch die Glosse entspricht nicht der ptolemäischen Definition von α Cep (rechte Schulter): der Ausdruck ,,adiutorium" erscheint im arabisch-lateinischen Almagest beim achten Stern (ι), der auf dem linken Arm steht (arab. *'aḍud* und *sā'id*). Es liegt also eine eigenwillige Prägung des ,,editor tabule" vor Größe: Ptolemäus: 3.

2: c: Länge Ari 40° 0 e: alferam Name aus arab. *al-faras* ,,das Pferd", Name des ptolemäischen Sternbildes Pegasus.

3: c: bacarcaldos d: Position 6 Die Glosse ist falsch auf π Cet bzw., falls nicht die ptolemäische Terminologie zugrunde liegt sondern eigne Beobachtung, auf τ Cet bezogen; Name (aus arab. *baṭn qayṭus* ,,Bauch des Walfischs") und Koordinaten bezeichnen ζ Cet.

4: Fehlt in g [siue ren]: nur in a b: de mirat andromade d: Position 3 Größe: Ptolemäus: 3 (so auch f) Name aus arab. *mi'zar* ,,Schurz", gemäß der ptolemäischen Definition.

5: d (Pos. 5): stedeher g: scheder Breite: bc–g: + 46° 40 Größe: Ptolemäus: 3 Name aus arab. *ṣadr* ,,Brust", gemäß der ptolemäischen Definition.

6: d (Pos. 4): enif .i. muscida arietis et ipsa secundum thoum est super capud arietis g: enif Größe: Ptolemäus: 3 (so auch f) Name ,,enif" aus arab. *anf* ,,Nase" (Positionsangabe bei Ptolemäus nach Hipparch; das Wort ist in arabischen Texten an dieser Stelle bisher nicht nachgewiesen, für ῥύγχος erscheint hier stets *al-ḫaṭm*).

7: d: Position 9 f: menrbarraustris (leg. menkar .i. naris) Name aus arab. *minḫar* „Nase", gemäß der ptolemäischen Definition Breite: bcdg: — 12° 0 Größe: Ptolemäus: 3 (so auch f).

8: c: Koordinaten von Nr. 8 und 9 vertauscht d (Pos. 7): algeb ymin .i. latus destrum persei f: algenib .i. latus s. persei dextrum algon in fronte algonis Name aus arab. *al-ǧanb* „die Seite", gemäß der ptolemäischen Definition; die Form in d aus *al-ǧanb al-ayman* „die rechte Seite" Die Glosse in f fügt irrig den Namen von β Per (richtig algol, arab. [*ra's*] *al-ġūl* „[Kopf] der ġūl") hinzu.

9: Länge: bcd (Pos. 10) efg: Tau 12° 0 Größe: bcdefg: 3 bc: angetenar d: alugetanar Koordinaten zu γ Eri; Name (aus arab. *'arǧat an-nahr* „Kehre des Flusses"?, in arabischen Texten bisher nicht nachgewiesen) und Glosse zu τ¹ Eri.

10: d (Pos. 8): aldabaram .i. occulus uel cor tauri f: Breite ausgelassen, alle folgenden um eine Zeile höher gerückt, infolge zweier zusätzlich eingefügter Sterne bis zum Ende der Tafel unregelmäßig verschoben.

11: Länge: b: Gem 1° 30 (radiert): cdeg: Gem 5° 30,   f: Gem 28° 30.

12: f (add.): in humero agitatoris.

13: Fehlt in g Größe: Ptolemäus: 1 (so auch b) c: ked algenge f (add.): malauxe (aus III 20) Name aus arab. *yad al-ǧawzā* „Hand der ǧawzā".

14: Länge: b: Cnc 13° 0 (korrigiert), cdefg: Cnc 3° 0 b: Die Glosse ist mit der des folgenden Sterns vertauscht d (Pos. 15): allahbor .i. transitus [Übersetzungsversuch für den arabischen Eigennamen *al-'abūr*, nach der Bedeutung der Wurzel *'br*] et est in ore canicule f: in utilitate luminis df: Nr. 14 und 15 umgestellt.

15: Fehlt in g b: alhabor (wiederholt fälschlich den Namen des vorangehenden Sterns; die Glossen sind vertauscht) c: kaza d (Pos. 14): raç elgençe e: razd f (Pos. 14): razebgenze Name aus arab. *ra's al-ǧawzā* „Kopf der ǧawzā", eigentlich den Kopf des Orion bezeichnend; da aber *al-ǧawzā* auch das Tierkreiszeichen Gem bedeutet, wurde der Name im lateinischen Abendland oft auf die Zwillinge bezogen.

16: Länge: b–g: Cnc 14° 0 f: algomeiza que est lucidior canis minoris g: alkeb, darübergeschrieben: algomeiza.

16a: f hat hinter Nr. 16 folgenden Stern eingeschoben:
egregez s. castor et pollux, Cnc 24° 0, —49° 10, 3ᵐ
(der Name stammt von III 27; die Gleichsetzung mit αβ Gem ist unzutreffend, cf. auch XI 9 und XVI 21; die Breite gehört zu Nr. 18).

17: Koordinaten von ρ Pup Länge: b–f: Cnc 29° 0, g: Cnc 25° 0 c: manzeb d: marieb .i. nauis Name aus arab. *markab* „Schiff", was jedoch in arabischen Texten bisher nicht nachgewiesen ist.

18: d: dubhe g: adub Name aus arab. *ad-dubb* „der Bär", Name der ptolemäischen Sternbilder UMa bzw. UMi.

19: Fehlt in g Von den beiden benachbarten Sternen auf dem linken Hinterfuß des Großen Bären ist wahrscheinlich der hellere μ gemeint c: „sub sinistro" ist in die vorangehende Zeile geraten, „clarior super dorsum" von dort hier herunter d: Position 21.

19a: f hat hinter Nr. 19 folgenden Stern eingeschoben:
aldiran in fronte leonis, Leo 4° 0, —0° 10, 2ᵐ
(Name von III 22; die Breite gehört zu Nr. 21).

20: c: alfrad Größe: ceg: 2 Name aus arab. *al-fard* „der Einzelne".

21: Breite: Ptolemäus: + d: Position 19 f (add. in der Glosse): alrucaba (von III 26, nicht hierher gehörig) Name aus arab. *qalb al-asad* „Herz des Löwen".

22: Name aus arab. *ḏanab al-asad* „Schwanz des Löwen".

23: a: forci leg. feretri (zu arab. *na'š* „Totenbahre") b: bunliaz c: ben'znar d (Pos. 24): benethnaç.

24: Name (aus arab. *al-ġurāb* „der Rabe", Name des ptolemäischen Sternbilds Corvus) und Koordinaten beziehen sich am wahrscheinlichsten auf γ Crv; die auf eigener Beobachtung beruhende Glosse dagegen beschreibt β Crv b: algreah d: Position 23.

25: Ab hier sind in a die Zeichen verschoben (Vir irrtümlich wiederholt, dadurch alle nach unten verschoben; erst Psc steht wieder richtig) d: Position 26.

26: d: Position 25 Zur Glosse: α Boo gehört zum Bild Bootes, ist aber nach Ptolemäus ein „externer" Stern (ἀμόρφωτος, arab.-lat. Almagest: „non est in forma") a: alchimech ab arace, aus dem vollen arabischen Namen *as-simāk ar-rāmiḥ* „der lanzenbewaffnete simāk" (c an der Stelle: alchimeh arramech, ef: aschimech).

27: f (add.) alichil (arab. *al-iklīl* „die Krone", Name der 17. Mondstation, gebildet von βδπ Sco), wahrscheinlich aus einer Mondstationenliste oder aus einem anderen, jüngeren Sternverzeichnis (seit VIII 30 erscheint β Sco unter diesem Namen in Sterntafeln).

28: d: Position 29 g: yedalgewe (analog zu Nr. 30) Breite: beg: + 17° 0, c: + 18° 0, d: + 17° 10 Name aus arab. *yad* „Hand", gemäß der ptolemäischen Definition.

29: d: Position 28 Größe: Ptolemäus: 2, f: 3.

30: a (am Rande): alius razalhaue d: Position 31 e: razd alhawe (fol. 160ʳ: ram alhadde) g: razalgewe (darüber: alhague) Größe: Ptolemäus: 3, f: 1 Name aus arab. *ra's al-ḥawwā'* „Kopf des Schlangenträgers".

31: b: racaten d: Position 30 Name aus arab. *ra's at-tinnīn* „Kopf des Drachen".

32: befg: alwaca d: alvicra Name aus arab. (*an-nasr*) *al-wāqi'* „der herabstürzende (Adler)".

33: Größe: 2 (Korrektur, neben 1), dg: 2 Name aus arab. (*an-nasr*) *aṭ-ṭā'ir* „der fliegende (Adler)".

34: a: Zeichen falsch, anzusetzen Aqr d: Position 35 Die Glosse bezeichnet γ Del, die Koordinaten können ebenfalls für γ Del gelten; POULLE, *Peut-on...* p. 314: δ Del.

35: Größe: 2 (Korrektur, neben 1), c–g: 3 c: zeneb algedi d (Pos. 36): dhenel algedi Die Glosse bezeichnet δ Cap, die Koordinaten können ebenfalls für δ Cap gelten Name aus arab. *ḏanab al-ǧady* „Schwanz des Steinbocks".

36: c: alkef d (Pos. 34): aldigege .i. gallina et est in cauda eius arab. *ar-ridf* „der [auf demselben Tier, hinter dem Reiter] Mitreitende"; *ad-daǧāǧa* „die Henne", Name des ptolemäischen Sternbilds Cygnus.

37: c: exuf d: emf alferaç .i. muscida equi pegasi f: elmf Größe: Ptolemäus: 3 Name aus arab. *anf (al-faras)* „Nase (des Pferdes)", in arabischen Texten bisher nicht nachgewiesen.

38: d: scenach Name aus arab. *sāq* „Schienbein", gemäß der ptolemäischen Definition.

39: d: menkeb alferaç .i. humerus equi (aus arab. *mankib al-faras* „Schulter des Pferdes", Name von β Peg gemäß der ptolemäischen Definition) g: mekebalferaz bedalferaz stammt aus arab. *yad al-faras* „Vorderfuß des Pferdes", ebenfalls nach der ptolemäischen Definition (cf. hierzu KUNITZSCH, *Sternnamen* p. 204, Anm. 2); „bedalferam" erscheint auch (für α Peg) in einer Liste von 60 Sternen, die JOHANNES DE LINERIIS 1340 aus dem Verzeichnis der „Alphonsinischen Tafeln" auswählte und neu berechnete, z.B. München, Clm 27, anno 1396, fol. 178ᵛ (hier aufgenommen in die Erklärung der „Alphonsinischen Tafeln" von HEINRICH SELDER, 1364; ZINNER, *Verz.* Nr. 9600) und ms Cus. 211, s. XV, fol. 22ʳ (in einer Tafelsammlung von NIKOLAUS VON HEYBECH aus Erfurt vom Andes 15. Jahrhunderts; cf. KRCHNÁK p. 157).

40: c: zeneb calcos d: dheneb Größe: Ptolemäus: 3 Name aus arab. *ḏanab qayṭus* „Schwanz des Walfisches", gemäß der ptolemäischen Definition.

TYP VII

In dem Astrolabtraktat, der angeblich auf Messahalla zurückgeht, wird häufig auch eine Liste von 31 Sternen mit Ekliptikkoordinaten mit überliefert. Sie stellt einen Auszug aus VI dar. In d wird eigens das Jahr 1246 genannt, das als Epoche von VI bekannt ist. Die Koordinaten und Namen sind unverändert beibehalten, die Glossen leicht gekürzt.

Es lagen vor:

a) Cambridge, Universitätsbibliothek, ms Ii. 3. 3, anno 1276, fol. 71ᵣ. Die Tafel ist mit dem gesamten Traktat im Facsimile wiedergegeben bei R. T. GUN-THER, *Chaucer and Messahalla on the Astrolabe*, Oxford 1929; eine Edition hat W. W. SKEAT, *A Treatise on the Astrolabe by Geoffrey Chaucer*, London 1872, p. XXXIX–XLI gegeben (geringfügige Abweichungen vom Manuskript werden nur in Ausnahmefällen notiert). Hierauf bezieht sich auch E. ZINNER, *Über die früheste Form des Astrolabs*, Bericht XXX der Naturforschenden Gesellschaft, Bamberg (1947), p. 14.

b) Darmstadt, ms 2661, s. XII–XIII, fol. 157ᵣ (ZINNER, *Verz.* Nr. 7022 : Messahalla, Herstellung und Verwendung des Astrolabs).

c) Wien, ms 2323, s. XIV, fol. 83ᵛ (ZINNER, *Verz.* Nr. 10933 : Toledanische Tafeln, anstelle des darin üblichen Sternverzeichnisses zwei Astrolabsternverzeichnisse; id., *Tab. Tol.*, ms S).

d) Erfurt, Amplon. 4° 386, s. XIV, fol. 142ᵣ (ZINNER, *Verz.* Nr. 7028 : Messahalla, Herstellung und Verwendung des Astrolabs).

e) Paris, B.N. lat. 7416 (B), s. XIII–XIV, fol. 86ʳᵇ (POULLE, *Peut-on…* p. 313).

f) Paris, B.N. lat. 7413 (1), s. XIV, fol. 11ᵣ (POULLE, *Peut-on…* p. 313).

g) Paris, B.N. lat. 7195, s. XV, fol. 55ᵣ (POULLE, *Peut-on…* p. 313).

h) Wien, ms 2367, s. XV, fol. 196ᵣ (ZINNER, *Verz.* Nr. 7047 : Herstellung des Astrolabs).

i) Trier, ms 1074/1271 (8°), s. XV, fol. 66ᵛ (ZINNER, *Verz.* Nr. 7046 : Messahalla, Herstellung des Astrolabs).

k) Wien, ms 5412, s. XV, fol. 159ᵣ (ZINNER, *Verz.* Nr. 4659 : Johann de Sacrobosco [so statt: de Londoneis], 35 Sterne für 1246).

l) Salamanca, Universitätsbibliothek, ms 2621, fol. 116ᵣ (POULLE, *Jean Fusoris* p. 17, Anm. 3).

m) Erfurt, Amplon. 2° 376, s. XIV, fol. 89ᵛᵇ (ZINNER, *Verz.* Nr. 4482 : Abhandlung über das Himmelsgerüst, dabei drei Sternverzeichnisse).

n) Einsiedeln, Stiftsbibliothek, ms 29 (Msc 878), s. XIV, pag. 122–123 (ZINNER, *Verz.* Nr. 7040 : Messahalla, Herstellung und Gebrauch des Astrolabs, mit drei Sternverzeichnissen).

o) Eine Auswahl von 13 Sternen aus diesen einunddreißig bietet Bernkastel-

Kues, ms 209, s. XIV, fol. 77va (cf. KRCHNÁK p. 147), in einer dort isoliert
dastehenden Sterntabelle: Tabula stellarum fixarum parisius equatarum
anno domini nostri ihesu xristi 1339. Die Jahreszahl muß ein Überlieferungsfehler für das ursprüngliche 1246 sein, oder sie bezieht sich auf den
Zeitpunkt der Herstellung der Auswahl. Eigene Beobachtung liegt schwerlich vor, da die Koordinaten des Typs VII unverändert übernommen wurden. Folgende 13 Sterne aus VII sind hier aufgezählt: 2, 4, 5, 6, 9, 8, 12, 16,
17, 20, 23, 24 und 26 bzw. 27. Bei der Übernahme haben sich in den letzten
vier Positionen einige Fehler eingeschlichen (Nr. 20: Die Länge aus VII
erscheint in o als Breite; Nr. 23: Hierzu ist die Breite von Nr. 24 gesetzt
worden; Nr. 24: Hierzu sind die Koordinaten von Nr. 25 gesetzt worden,
dabei die Breite fehlerhaft 6° 30 statt 60° 30; letzte Position: Die Koordinaten sind völlig entstellt, in der Spalte der arabischen Namen steht ,,Del-
phin", in der Spalte ,,Interpretatio stellarum" daneben jedoch ,,cauda
capricorni").

Die Wiedergabe erfolgt nach b mit ausgewählten Varianten aus den
anderen Handschriften.

Tabula stellarum fixarum uerificatarum per armillas parisius. et est longitudo
earum gradus circuli signorum per circulum transeuntem polos zodiaci et
stellas. latitudo uero earum est arcus eiusdem circuli cadens inter stellas et
gradus longitudinis earum

Lfd. Nr.	Lfd. Nr. in VI	Nomina signo- rum	Nomina stellarum	Nomina ymaginum in quibus sunt	Longi- tudo	Lati- tudo
1	3	Ari	pacacaitos	venter ceci	10° 0	—20° 0
2	10	Tau	altebaran	oculus [uel] cor tauri	28° 0	— 5° 12
3	8		algebim ym	latus dextrum persei	20° 0	30° 0
4	7		menkar	naris ceci	2° 0	—12° 0
5	11	Gem	rigel fulgentis	pes orionis	5° 0	—30° 0
6	12		alchaioch	hircus	10° 0	22° 40
7	13		beldergenze	humerus dexter orionis	15° 0	—15° 30
8	14	Cnc	alhabor	transiens et est in ore canicule	3° 0	—39° 10
9	16		algocina uel alge	in collo minoris canis	17° 0	—15° 30
10	15		razalgenze	capud geminorum	8° 0	10° 0
11	18	Leo	dubhe	vrsa	4° 0	49° 10
12	21		calbalezed	cor leonis	18° 0	— 0° 10
13	20		alferaz	equs uel singularis	15° 0	22° 30
14	22	Vir	denebalered	cauda leonis	9° 0	12° 0
15	24		algurab	coruus	29° 0	—15° 0
16	23		bennenaz	filie feretri	16° 0	53° 30
17	26	Lib	alramech	lanceator	13° 0	31° 30
18	25		azimech	inhermis	11° 30	— 2° 30
19	27	Sco	elfeta	corona	1° 30	44° 30

20	29		calbalacrab	cor scorpionis	18° 20	— 4° 20
21	31	Sgr	rartaben	capud draconis	12° 0	74° 30
22	30		razalegue	capud serpentis	10° 0	36° 0
23	32	Cap	alguega	vvltur cadens	3° 0	62° 0
24	33		alcair	vvltur volans	10° 0	29° 30
25	36		aldigege	gallidam et est in cauda eius	21° 0	60° 30
26	35	Aqr	denebaliged	cauda capricorni	13° 0	— 2° 30
27	34		delfin	et est rubrior eius orientalior	6° 0	32° 30
28	37		enphelpheraz	musida equi pegasi	21° 0	23° 0
29	38		scenath	crus	27° 0	— 7° 40
30	39	Psc	menkeb alpharaz	humerus equi	20° 0	30° 0
31	40		donet carchos	cauda ceci	21° 0	—20° 0

Anmerkungen

Überschrift: b: Iste stelle fixe verificate sunt per instrumentum armillarum in
ciuitate parisici dn: Keine Überschrift; d (klein, oben rechts): Anno domini
1246 efkm (am Ende): inter stellam et gradum suum e (add.): Et hoc est secundum modernos (cf. VIII n, XII su) o: cf. oben.

1: b: Hier beginnt die Tabelle mit dem Zeichen Psc, Stern Nr. 30 und 31; ceci leg.
ceti l: parakam.

2: aceghi: Länge Tau 20° 0 acghi: Breite + l: Der Breitenwert von *a* Tau ist ausgefallen, alle folgenden entsprechend um eine Zeile höher verschoben fmn:
albedaran.

3: adgi: algenib b: Cf. VI 8 d efmn: algebin l: algems.

4: l (Glosse): manus ceti.

5: fulgentis: Korruption aus algenze c: rygil algevte l: rigil algebre n: bigel
algeoze o: rigel algenze.

6: l: alhalach.

7: afgi: bedelgeuze l: beldegense.

8: transiens: Cf. VI 14 d (so auch efkmn).

9: adgi: algomeiza ac–n: Länge Cnc 14° 0.

10: k: nasalgenze l: balzangense.

11: acdghi: Breite + 40° 0.

12: Ptolemäus: Breite + o: malbalozoda.

13: acdeghi: alfart ac–kmn: Breite – Glosse: Der korrupte arabische Name (fmn:
alferat, k: alferam) ist irrtümlich mit den aus *al-faras* „Pferd“ (= Pegasus)
abgeleiteten Namen verwechselt worden.

14: l: denebalozed m: benbalezet.

16: e: bunnas / filie feltri fn: sunnaz / filie feltri i: siennemias k: suznaz l: bennenez
/ filie baratri m: sunmaz.

17: Glosse m: ceator, n: ator (sic).

19: e: Die Namen von Nr. 19 bis 28 einschließlich sind um eine Zeile nach oben
verschoben l: ellefeca.

20: Länge acl: Sco 28° 0, fghkmn: 28° 20, i: 28° 10.

21: afk: raztaben l: beastaben m: Der Stern fehlt.

22: f: razalegile m: nazalagile n: bazalegile.

23: a: alwega ch: almega dil: almiega efgm: alimega k: albega n: alninega o:
allbega.

24: Länge ac–hk–n: Cap 20° 0, i: 20° 10.

25: Dieser Stern ist fälschlich unter dem Zeichen Cap eingereiht; er gehört zu Aqr

Glosse: leg. gallina; acdghil: cauda galline; e: call'aca in cauda; m: call'a in cauda eius.

27: Glosse: ak: nubilosior eius et orientalior, ch: nubilior et orientalior, d: nubilior eius et orientalior, e: rubrior et orientalior, f: rubrior eius et orientalior, gim: nubilior eius et orientalior, l: nubilator eius et ori... (Abkürzungen), n: rubor eius et orientalior. Der erste Ausdruck muß zurückgehen auf „in rumbo" (VI 34).

28: c: semphephazaz   h: semphelpharaz   k: epelferam   l: emfelfyn (Glosse: pes sagittarii; Korruption aus pesagi = pegasi).

29: adgi: sceach   ch: ocheath   e (Glosse): estus   fmn: senach   l (Glosse): cauda equi; aus muscida equi, zum vorangehenden Stern gehörig.

30: Breite ac–hkmn: + 31° 0   achi: alferaz mentel   dg: alferaz menthel   k: alferam   l: alnicelfans (Glosse: crus, vom vorangehenden Stern).

31: l (Glosse): humerus equi, vom vorangehenden Stern.

TYP VIII

Nächst III der weitestverbreitete Typ begegnet in einem Text über die Herstellung des Astrolabs, der angeblich auf den arabischen Autor Messa-halla = Māšā'allāh zurückgeht. Die lateinischen Texte geben die Namen des Autors in verschiedenen korrupten Formen, unter denen auch einige auftreten, die zweifellos den spanisch-arabischen Astronomen Maslama al-Maǧrīṭī bezeichnen[1]. Da von Māšā'allāh zwar verschiedene, vor allem astrologische Schriften sowohl auf Arabisch wie auch in lateinischen Über-setzungen bekannt sind, jedoch keine Astrolabarbeit in der Originalspra-che nachgewiesen ist[2], während andererseits enge Beziehungen zwischen dem spanisch-arabischen Astronomen Maslama al-Maǧrīṭī[3] und der arabi-schen wie lateinischen Astrolabliteratur bestehen, so ist es wahrschein-licher, bei dem vorliegenden Astrolabtext unter dem korrupten arabischen Autorennamen eben diesen Maslama zu verstehen und nicht Māšā'allāh. Der Text ist, wie auch die Sterntafeln lehren, kaum noch als unmittelbare Übersetzung aus dem Arabischen anzusehen; vielmehr dürfte es sich um

---

[1] Eine Cambridger Handschrift bei R. T. GUNTHER, *Chaucer and Messahalla on the Astrolabe,* Oxford 1929, p. 211: Marcellania. Astrolabtraktat in ms Erfurt, Amplon. 4° 355, s. XIV, fol. 56ᵛ, letzte Textzeile (vor der Tabelle): Finit opus astrolabii secundum macellama. Ein Sternverzeichnis der „Toledanischen Tafeln" (XII n) enthält bei einigen Sternen auch Spuren für die Mitbenutzung einer Tafel nach Typ VIII und dazu unten die Anmerkung: Nota quod iste stelle que sunt paragrafate ponuntur in astrolabio macellema. STEINSCHNEIDER, *Die hebraeischen Übersetzungen des Mittelalters,* Berlin 1893, p. 583, Anm. 331b: Maceralama; cf. ähnlich id., *Die europäischen Übersetzungen aus dem Arabischen bis Mitte des 17. Jahrhunderts,* S. B. Wiener Ak. d. Wiss. CXLIX und CLI (1904–1905), Nr. 68r (Johannes Hispalensis). Bei ALBERTUS MAGNUS im *Speculum astronomicum,* ed. CUMONT in Catalogus Codicum Astrologorum Graecorum, V, 1 (Brüssel 1904), p. 55ff, werden verschiedene bekannte astrologische Werke des Māšā'allāh auf-geführt, wobei einige Handschriften den Namen, der hier wirklich Māšā'allāh be-deuten muß, an einer von mehreren Stellen in der Maslama-Form bieten: p. 90, 15 (ms P: Maschelamech, M: Maschelamach, G: Masselamah). In einem Zitat bei MILLÁS, *Estudios* p. 14 aus ms Paris, B.N. lat. 7281, fol. 30ʳ (Anmerkung am Innenrand) wird die Entstehung der Toledanischen Tafeln beschrieben; hier wird auch Azarquiels Schüler „Alcamet" (wahrscheinlich Ibn Kammād, siehe Typ XV) genannt; zu diesem findet sich eine weitere Bemerkung: „similiter discipulus Mes-salle"; hier ist natürlich Maslama zu verstehen, der am Anfang der spanisch-arabi-schen Astronomenschule stand.

[2] BROCKELMANN, GAL I 220 (1a), Suppl. I 391f (1c).

[3] BROCKELMANN, GAL I 243 (4), Suppl. I 431f (4); cf. oben I A.

eine Bearbeitung oder Kompilation unter Verwendung bereits übersetzter Quellenschriften handeln.

Diesem Text sind häufig zwei Sternverzeichnisse beigefügt, meist das eine mit Ekliptik- und das andere mit Äquatorkoordinaten. Als Typ VIII wird hier bezeichnet die Tafel von 49 Sternen mit Äquatorkoordinaten, von der es auch verschiedene verkürzte und umgearbeitete Fassungen gibt. Die Tafel ist das Produkt einer Kompilation, bei der Sterne und Daten der Liste von Typ III sowie Sterne aus einer bisher noch nicht erkannten, ebenfalls aus dem Arabischen übersetzten Quelle zusammengefügt wurden[4]. Die bisher „unbekannte Quelle" scheint nun in dem Verzeichnis des JOHANN VON LONDON (Typ VI) aufgefunden zu sein. Mit zwei Ausnahmen (Nr. 5 und 30) sind darin bereits alle jene Sterne mit den neuen Namen enthalten, die in VIII über III hinaus auftreten.

Die Aufstellung der Tafel VIII wurde von einem sehr verständnislosen Autor vorgenommen, der mehrere Sterne doppelt registrierte, mit der aus III und mit der aus VI stammenden Form. Die Koordinaten sind hier einheitlich auf Mediation und Deklination festgelegt, während in den beiden Ausgangstypen andere Werte verwendet waren (in III neben der Mediation ein trigonometrischer Wert, in VI Ekliptikkoordinaten). Die Umrechnung kann das Werk des Autors der Tabelle VIII gewesen sein. POULLE nimmt an, daß die Werte von III bereits 1233 in Paris auf Mediation und Deklination umgerechnet worden waren (siehe Typ XI) und in dieser Form in die Tabelle VIII Eingang fanden. Dann bliebe freilich immer noch die äquatoriale Umrechnung der Sterne aus VI, die ja dort Ekliptikkoordinaten hatten, unerklärt. Die äquatorialen Werte in VIg scheinen erst später hinzugefügt zu sein, offensichtlich in Anlehnung an die Typenfamilie VIII–XI (starke Ähnlichkeit häufig, völlige Übereinstimmung selten: VIg 7 = VIII 6; VIg 16 = VIII 15; VIg 8 = XI 2; VIg 21 = XI 12).

Die Namen aus dem Verzeichnis von Typ VIII sind besonders häufig auf mittelalterlichen Astrolabien vertreten, siehe z. B. die Instrumente GUNTHER Nr. 168, 190, 192, 194, 291 (anno 1326) und 292 (anno 1342; cf. auch MORLEY, ebda. I p. 45); auch ein Astrolab von THOMAS VON PISA, um 1370, ist hier einzuordnen[5].

Die vollständige 49-Sterne-Liste steht an folgenden Stellen:

a) Cambridge, Universitätsbibliothek, ms Ii. 3. 3, anno 1276 (älteste Handschrift!), fol. 70ᵛ. Der ganze Traktat, darunter die Tabelle, ist im Facsimile wiedergegeben bei R. T. GUNTHER, *Chaucer and Messahalla on the Astrolabe*, Oxford 1929. Die Tabelle ist bereits einmal ediert worden von W. W. SKEAT,

---

[4] Cf. die ausführliche Darstellung bei KUNITZSCH, *Sternnamen* p. 92–94 sowie bei den einzelnen Sternen dort p. 65 ff.

[5] Beschrieben von H. MICHEL, *Traité de l'Astrolabe*, Paris 1947, p. 142 ff; Abbildung Planche VI.

A Treatise on the Astrolabe by Geoffrey Chaucer, London 1872, p. XXXVII
bis XXXIX.
  b) Erfurt, Amplon. 4° 369, s. XIV, fol. 204ʳ (ZINNER, *Verz.* Nr. 10939: Toledanische Tafeln, mit mehreren Sternverzeichnissen).
  c) Erfurt, Amplon. 4° 386, s. XIV, fol. 141ʳ⁻ᵛ (ZINNER, *Verz.* Nr. 7028: Messahalla, Herstellung und Verwendung des Astrolabs).
  d) Erfurt, Amplon. 4° 367, s. XIV, fol. 99ᵛ (ZINNER, *Verz.* Nr. 7038: Messahalla, Herstellung und Verwendung des Astrolabs). Zwei Sterne fehlen.
  e) Trier, ms 1074/1271 (8°), s. XV, fol. 66ʳ (ZINNER, *Verz.* Nr. 7046: Messahalla,
Herstellung des Astrolabs).
  f) Paris, B.N. lat. 7195, s. XV, fol. 54ʳ⁻ᵛ (POULLE, *Peut-on...* p. 319: Messahalla, Astrolabherstellung).
  g) Wien, ms 2367, s. XV, fol. 194ʳ (ZINNER, *Verz.* Nr. 7047: mehrere Astrolab-
arbeiten unter dem Namen Messahalla vereinigt).
  h) Wien, ms 2323, s. XIV, fol. 80ᵛ⁻81ʳ (ZINNER, *Verz.* Nr. 10933: Toledanische
Tafeln, darin statt deren Sterntafel zwei Astrolabsternverzeichnisse). g und
h stehen einander sehr nahe.
  i) St. Gallen, Stadtbibliothek, ms Vad. 412, s. XV, fol. 93ᵛ⁻95ʳ (ZINNER, *Verz.*
Nr. 892: anonymer Traktat, Herstellung des Astrolabs). Ein Stern fehlt.
Die Liste ist dadurch besonders auffällig, daß ihr eine zusätzliche Namenkolumne vorangestellt wurde, die „Noua nomina stellarum" enthält. Diese
„neuen Namen" klingen völlig phantastisch und lassen sich etymologisch
nicht erklären. Sie stellen offenbar Kunstprodukte ähnlich gewissen astrologischen und magischen Dämonennamen[6] dar.

Von dieser kompletten Liste gibt es eine kürzere Fassung mit nur 41
Sternen, die ebenfalls mehrfach auftritt:

  k) Paris, B.N. lat. 7413 (1), s. XIV, fol. 10ᵛᵇ⁻11ʳ (POULLE, *Peut-on...* p. 315,
318f: Messahalla, Herstellung des Astrolabs). Es erscheinen folgende 41
Sterne aus den 49 von Typ VIII: 1. 2. 4. 6. 7. 8. 9. 10. 11. 12. 13. 15. 14.
16. 19. 20. 21. 22. 23. 24. 25. 26. 27. 28. 29. 31. 32. 33. 34. 35. 36. 37. 39.
42. 43. 44. 45. 46. 49. 48. 47.
  l) Einsiedeln, Stiftsbibliothek, ms 29 (Msc 878), s. XIV, pag. 121–122 (ZIN-
NER, *Verz.* Nr. 7040: Messahalla, Herstellung und Verwendung des Astrolabs, mit drei Sternverzeichnissen). Es erscheinen die gleichen 41 Sterne wie
in k, in der gleichen Anordnung.
  m) Erfurt, Amplon. 2° 376, s. XIV, fol. 89ʳ⁻ᵛᵃ (ZINNER, *Verz.* Nr. 4482: Abhandlung über das Himmelsgerüst). Hierbei befinden sich die gleichen drei

---

[6] Um in der Edition den Apparat nicht zu überlasten, sollen sie hier mitgeteilt
werden. 1: Gruona 2: Aned 3: Bulmap 4: Bubciana 5: Beptimodo 6: Conforma
7: Paxdia 8: Ebimer 9: Emepsa 10: Raradea 11: Gamax 12: Getada 13: Ycomaqua
14: Jopmona 15: Alcosa 16: Aparanau 17: Manpeda 18: Abforobolo 19: Actomat
20: Adolinqua 21: Adoloqua 22: Axeamam 23: Axeborisa 24: Anfemia 25: Algobomo
26: Muxgo 27: Midoaetsa 28: Nixpabuda 29: Naucobid 30: Nummadsa 31: Norbo
32: Nobuscuo 33: Bebmuqua 34: Narꝗuea 35: Nisothoea 36: Bohuffa 37: Mmeabea
38: Minediba 40: Anf'az 41: Calia 42: Calꝗua 43: Cantosa 44: Cadoumar 45: Con-
clommar 46: Corbida 47: Optabea 48: Cebomaxa 49: Sceoxa.

Sternverzeichnisse wie in l. Es erscheinen die gleichen Sterne wie in k und l, Nr. 44 steht vor 43.

n) Erfurt, Amplon. 4° 369, s. XIV, fol. 203va (ZINNER, *Verz.* Nr. 10939: Toledanische Tafeln, dabei mehrere Sternverzeichnisse). Die 40 Sterne sind angeordnet wie k und l; es fehlt Stern Nr. 47.

Auf eine Tafel eines noch nicht bekannten Typs weist POULLE, *Jean Fusoris* p. 17, Anm. 3 hin:

o) Salamanca, Universitätsbibliothek, ms 2621, fol. 10ra. Es handelt sich um ein Verzeichnis von 40 Sternen mit Äquatorkoordinaten, das offensichtlich einen Auszug aus VIII darstellt. Freilich ist das Ganze sehr nachlässig übernommen: die Reihenfolge ist gestört, die Koordinaten zeigen leichte Abweichungen von VIII[7]. Die meisten Namen sind noch als Abkömmling von VIII zu erkennen. Hinter Position 20 (alchmieth) hat der Schreiber einen Stern ausgelassen und fährt mit elfeta fort, dessen Koordinaten jedoch erst in der folgenden Zeile erscheinen; diese Verschiebung setzt sich fort, bis bei Position 35 (algeme) wieder die Übereinstimmung von Namen und Koordinaten einsetzt. Die beiden letzten Positionen sind wortgetreu (mit Ekliptikkoordinaten!) aus Typ XIII entnommen (39: XIII 30; 40: XIII 18). Position 36 ist Duplikat zu 31, desgleichen 37 Duplikat zu 27; 38 und 32 dürften ebenfalls den gleichen Stern bezeichnen. Diese Version erscheint ebenfalls in

p) Wolfenbüttel, Cod. Guelf. 81, 26 Aug. 2°, anno 1461, fol. 139ra (ZINNER, *Verz.* Nr. 899: Astrolabherstellung, mit zwei Sternverzeichnissen). Hier sind 41 Sterne vertreten, zwischen 20 (alchimech) und 22 (elfeta) steht ordnungsgemäß 21 (alramech).

An dieser Stelle ist noch eine weitere Tafel zu erwähnen: sie steht in ms

q) Wien, 5442, s. XV, fol. 133^{r} (gemeinsam mit einer Tafel von Typ VI, cf. VI f) und enthält 36 Sterne mit Ekliptikkoordinaten und Deklinationen; Überschrift: Iste stelle subscripte fuerunt verificate Anno domini 1395; Längenwert Ptolemäus + 17° 44' (cf. ZINNER, *Verz.* Nr. 10231). Die Tabelle ist kein unmittelbarer Abkömmling aus einem der bekannten Tafeltypen. Sie bietet eine Nomenklatur, wie sie sich um 1400 allgemein eingebürgert hatte; dabei werden Anklänge an VIII sichtbar (Pos. 7: algemze .i. frons algol, cf. VIII 7; 16: alfard… .i. equs uel angulus, cf. VIII 19; 18: aldiran .i. frons leonis, cf. VIII 18). Bei den Koordinaten fällt auf: Pos. 5: algenib .i. latus dextrum, Tau 9° 0, + 49° 0, entsprechend Mediatio und Deklination von VIII 7; 6: algetener, Tau 22° 0, — 16° 0 = Med. und Dekl. von VIII 8; 27: taben, Sgr 23° 30, + 51° 0, ähnlich Med. und Dekl. von VIII 34.

Die Wiedergabe erfolgt nach a mit ausgewählten Varianten aus den anderen Handschriften.

---

[7] Vollständige Übereinstimmung: p 9 = VIII 11, p 12 = 15, p 16 = 20 und p 36 = 12; sehr enge Verwandtschatt: p 2 = 2, p 5 — 6, p 6 — 8, p 7 = 7, p 8 = 9, p 11 = 13, p 13 = 16, p 19 = 25, p 20 = 26, p 21 = 28, p 22 = 29, p 23 = 31, p 37 = 32 und p 38 = 44. Da in o Position 21 ausgefallen ist, entsprechen die dortigen Namen 21–40 den Positionen 22–41 in p.

Tabula stellarum fixarum que ponuntur in astrolabio cum gradibus quibus
celum mediant et cum distancia earum ab equinoctiali linea

Lfd. Nr.	nomina signo- rum	nomina stellarum	ymagines stellarum	longi- tudo	lati- tudo	pars latitu- dinis est hec	Mod. Bez.
1	Ari	mirach		0° 7	32° 30	+	β And
2		batenkaytoz		18° 30	13° 30	—	ζ Cet
3		pantenkaitoz	venter cethi	20° 0	14° 0	—	ζ Cet
4		enif		22° 0	23° 30	+	α Ari
5		finis fluxus		25° 0	4° 30	—	ϑ Eri
6	Tau	menkar	naris cethi	6° 0	1° 0	+	α Cet
7		algenib	frons algonis	10° 0	49° 0	+	α Per
8		algetenar		22° 0	16° 0	—	γ Eri
9		aldebaran	oculus vel cor tauri	29° 0	14° 30	+	α Tau
10	Gem	alhaioh	hyrcus vel humerus sagitatoris	6° 0	45° 0	+	α Aur
11		rigil	pes orionis	11° 0	10° 0	—	β Ori
12		algeuze	humerus dexter orionis	15° 0	8° 0	+	α Ori
13	Cnc	alhabor	in ore canis meridionalis	3° 0	15° 0	—	α CMa
14		razalgeuze	capud geminorum	9° 0	33° 0	+	α Gem
15		algomeyza	in collo canis	13° 0	7° 0	+	α CMi
16		markep		21° 0	22° 30	—	ϱ Pup
17		egregez		24° 0	45° 0	+	μ UMa
18	Leo	aldiran	in fronte leonis	6° 0	6° 0	—	
19		alfart	equs vel cingulum	13° 0	18° 30	—	α Hya
20		calbalezed	cor leonis	20° 0	15° 0	+	α Leo
21		alrucaba	vrsa	20° 0	35° 0	+	ϑ UMa
22	Vir	coruus		1° 0	11° 0	—	
23		dubhe	id est vrsa	2° 0	6° 0	+	α UMa
24		denebalezed	cauda leonis	15° 0	19° 30	+	β Leo
25		algorab	in centauro	22° 0	13° 30	—	γ Crv
26	Lib	alchimec	inhermis	10° 0	7° 0	—	α Vir
27		bennenaz	filie feretri in themone	9° 0	53° 0	+	η UMa
28		alramech	lanceator	27° 0	24° 0	+	α Boo
29	Sco	alfeca	in corona adriane	16° 0	29° 0	+	α CrB
30		alachil		17° 0	14° 0	+	β Sco
31		yed		26° 0°	3° 0	—	δ Oph
32		calbalacrab	cor scorpii	27° 0	23° 0	—	α Sco
33	Sgr	alhaue	capud draconis	13°	15° 0	+	α Oph
34		rahtaben	capud serpentis	25° 0	52° 0	+	γ Dra
35	Cap	wega	vultur cadens	3° 0	38° 0	+	α Lyr

Lfd. Nr.	nomina signorum	nomina stellarum	ymagines stellarum	longitudo	latitudo	pars latitudinis est hec	Mod. Bez.
36		altair	vultur volans	16° 0	7° 0	+	α Aql
37		delfin		29° 0	12° 39	+	ε Del
38		alrif	in cigno	29° 0	42° 0	+	α Cyg
39		addigege	cauda galline	30° 0	43° 0	+	α Cyg
40	Aqr	libedeneb	cauda capri	6° 0	22° 0	—	δ Cap
41		delfin	nubilior et orientalior	10° 0	6° 0	+	
42		aldiran		10° 0	59° 0	+	α Cep
43		enifelferaz	musida equi pesagi	13° 0	7° 0	+	ε Peg
44		denebalgedi	cauda capricorni	14° 0	19° 39	—	δ Cap
45		sceach	crus	30° 0	19° 0	—	δ Aqr
46	Psc	alferaz	in pesago	6° 0	24° 0	+	β Peg
47		mentichel	humerus equi alati	18° 0	25° 0	+	β Peg
48		denebkaitoz	cauda cethi	22° 0	10° 0	—	ι Cet
49		sceder		18° 0	53° 0	+	α Cas

Anmerkungen

Überschrift: cilm: keine Überschrift d: Tabula stellarum fixarum astrolabii cum
    longitudine earum in signis et distantia ab equinoctiali f: cum gradibus quibus me-
    diant gh: Tabula stellarum que ponuntur in astrolabio. per gradum longitudinis
    earum. et est gradus cum quo stella mediat celum et qui ponit eam in signo. et
    per gradus latitudinis earum qui est earum distancia ab equinocciali k: Tabula
    stellarum fixarum que ponuntur in astrolabio cum longitudine sua et latitudine
    sua ab equinoctiali. et dicitur hic longitudo stelle gradus zodiaci cum quo stella
    venit ad medium celi n: Tabula stellarum secundum modernos que ponuntur in
    quadrante cum latitudine ab equinoctiali o: Tabula stellarum fixarum prout
    poni debent in astrolabio .s. cum gradibus cum quibus celum mediant.
Ymagines stellarum: Diese Kolumne enthält Positionsbeschreibungen der Sterne;
    häufig stimmen sie mit den Glossen in III bzw. VI überein.
„Longitudo" („Länge") bedeutet hier Mediation, „Latitudo" („Breite") ist Dekli-
    nation.
  1: Cf. VI 4 Länge: b–il–n: 7° 0, k: 70° 0 (statt 7°0) Breite: f hat in die Zeile von
    Nr. 1 die Überschrift g(radus) und m(inute) gesetzt, wodurch alle Breitenan-
    gaben um eine Zeile verschoben erscheinen; fol. 54ᵛ setzt mit Nr. 19 wieder rich-
    tig ein.
  2: Cf. VI 3 Duplikat neben Nr. 3 i: bathebiro k: hatenkayteiz o: babukartor.
  3: Cf. III 16 Fehlt in d gh: panthakaytor i: pancildaicon.
  4: Cf. VI 6 Kein Duplikat zu Nr. 43, wie noch *Sternnamen* p. 68, Nr. 11 angenom-
    men Breite: b: 32° 0, cfghin: 32° 30, klm: 19° 30, o: 20° 0 i: eruf kl: enf m: ons.
  5: Aus unbekannter Quelle neu eingeführt, jedoch nicht unter den neuen Namen
    von VI befindlich (cf. ähnlich Nr. 30).

6: Cf. VI 7 b: menkach i: mentrar l: melzar.

7: Cf. VI 8 b: algenb d: algon im: algerab op: algember.

8: Cf. VI 9 bcgh: angetenar d: algetenor f: augetena i: anchetenach klm: augekanar n: augetanar op: augetenay.

9: Cf. III 19 l: altebanar.

10: Cf. III 25 Glosse lies: agitatoris i: alharoch l: halhaiot.

11: Cf. III 15 Breite: klm: —8° 0 b: erigil e: rigilal gh: rygyl i: richel op: arigil.

12: Cf. III 20 Länge: klm: 16° 0, n: 14° 0 b: algeme e: algenre o (Pos. 35), p (Pos.
26): algeme.

13: Cf. III 14.

14: Cf. VI 15 Duplikat neben Nr. 18 b: rozangente gh: razalevze i: rafaligence
kl: raztaten m: naztaten; Koordinaten von Nr. 15 wiederholt n: racarbein
o (Pos. 38), p (Pos. 39): leselgenze, Länge Gem 15° 0, Breite —15° 30; o (Pos.
32), p (Pos. 33): naralgenne, Länge Psc 1° 0, Breite —20° 0 (Koordinaten von
δ Aqr); die Namen stammen auch aus „razalgeuze" (arab. *ra's al-ǧawzā'* „Kopf
der ǧawzā'").

15: Cf. III 21 d: alsehere (aus *aš-ši'rā [al-ǧumayṣā']*, dem ersten Teil des arabischen
Namens) i: algamensa; die Glosse „in collo canis" erscheint hier verdorben in
„intellectus" k: algonierza op: alreb.

16: Cf. VI 17 b: markel i: martrap.

17: Cf. III 27 ms a Länge: 34° 0 (sic).

18: Cf. III 22 Der Name bezeichnet α Gem, die Koordinaten fallen auf keinen be-
deutenden Stern. Die – unzutreffende – Glosse erscheint ebenfalls bereits in
einigen Versionen von III; cf. *Sternnamen* p. 72f, Nr. 24 i: alduam o: adul
p: aldul op: Koordinaten von Nr. 17 (Leo 30° 0, + 44° 0).

19: Cf. III 20 In der Glosse ist „equs" Verwechslung von arab. *al-fard* „der Einzelne" mit den Varianten von *al-faras* „Pferd" (= Pegasus), cf. VII 13; cingulus aus singulus, Übersetzung von *al-fard* (so in b), später sogar: singularis
cingulus (gh), in i verdorben: angulus angulorum Breite: klm: —5° 30, o: —5° 0
c: alfarat d: arfart f: alfrath.

20: Anscheinend, wie die Namenparallele Nr. 24 zeigt, aus VI 21 und nicht aus III
23 i: colbalerech.

21: Cf. III 26 Der Name (arab. *ar-rukba* „Knie" [des Großen Bären]) bezeichnet
in der arabischen Astronomie normalerweise, in Übereinstimmung mit der
ptolemäischen Definition, ϑ UMa. Später wird er in Europa auf den Polarstern,
α UMi, übertragen. Hier ist offensichtlich noch ϑ UMa gemeint Breite: klm:
+ 45° 0 i: affachaba.

22: Cf. VI 24 Duplikat neben Nr. 25 (die in *Sternnamen* p. 77, Nr. 32 vermutete Identifizierung mit α Crt ist damit hinfällig).

23: Cf. VI 18 Breite: b–i: + 67° 0, klm: + 66° 0, n: + 60° 0 i: dulhe.

24: Cf. VI 22 klm: Name nur „cauda" op: denebeledeb.

25: Cf. III 13 gh: alborap i: algorach op: alcorab.

26: Cf. III 12 Die Glosse „in(h)ermis" aus dem zweiten Teil des arabischen Namens
as-simāk al-a'zal „der unbewaffnete simāk" b: alchiniech o: alchmieth.

27: Cf. III 10 b: hepnemam o: beaauar.

28: Cf. III 1 o: Zwischen Position 20 und 21 ausgefallen; in p vorhanden.

29: Cf. III 2 i: alfita o: Nach diesem Stern wird die Liste so korrupt, daß sie sich
nicht restituieren läßt; erst ab Position 34 (Nr. 48) sind wieder Sterne sicher
erkennbar.

30: Aus unbekannter Quelle neu eingeführt, jedoch nicht unter den neuen Namen
in VI befindlich (cf. auch oben Nr. 5). Zur Bedeutung (arab. *al-iklīl* „die Krone")
siehe *Sternnamen* p. 80, Nr. 46.

31: Cf. VI 28 Fehlt in d i: yes l: unvollständig geschrieben, nur -d zu erkennen
o: degalgenne p: dedalgenne (cf. VI 28 g).

32: Cf. III 11　o (Pos. 36), p (Pos. 37): cor scorpionis (Koordinaten von a Sco), daneben o 31: calbatral, p 32: calbatrab (Koordinaten von a Cyg).

33: Cf. III 3　Die Glosse gehört zur folgenden Zeile, die dortige hierher, wobei statt „serpentis" zu lesen ist „serpentarii" b: alhaue uel razalegue; das erste Wort entstammt der Tradition von III, das zweite aus VI 30　h: alhaut　i: alharic　n: alhane　o (Pos. 24): albbata　p (Pos. 25): albabara.

34: Cf. VI 31　bc: razcaben　d: razdaben　e: baztaben　fgh: raztaben　i: batfaben　klm: taben　n: thaben　o (Pos. 23), p (Pos. 24): martaben, Koordinaten von a Sco.

35: Cf. III 9　b: vnega　fgh: vuega　i: sega.

36: Cf. III 4　c: akair　i: alclar　klm: altam　o (Pos. 25): altahu, Koordinaten von γ Dra.

37: Cf. III 5　Breite: bcikmn: + 12° 30, d: 12° 0, g: 19° 0 und 39′, l: die 30′ um eine Zeile nach oben verschoben, also zu Nr. 36　o (Pos. 26), p (Pos. 27): Koordinaten von a Lyr.

38: Cf. III 8　b: astif.

39: Cf. VI 36　Duplikat neben Nr. 38　Fehlt in i　c: addigge　dklm: aldigege　o (Pos. 29), p (Pos. 30): adigege, Koordinaten von δ Cap.

40: Cf. III 18　gh: lybedeneb　i: libedeydop.

41: Cf. VI 34　Duplikat neben Nr. 37　d: Name „de", Glosse „oriens"　Glosse: „nubilior" dürfte aus dem Ausdruck „in rumbo" der Vorlage korrumpiert sein, cf. auch VII 27.

42: Cf. VI 1　Als Name Duplikat neben Nr. 18　i: adria　k: abbena　l: abera　m: abhera　n: aldirab.

43: Cf. VI 37　b: enifasfaz　i: enfelfora　klmn: Name „mu[scida] equi"　o (Pos. 28), p (Pos. 29): onfalforar, Koordinaten von ε Del.

44: Cf. VI 35　Duplikat neben Nr. 40　Breite: chi: —19° 30, d: —19° 0, g: —19° 0 und 39′　o (Pos. 27), p (Pos. 28): tenebalgedim, Koordinaten von a Aql; daneben o (Pos. 37), p (Pos. 38): denebalgedi.

45: Cf. VI 38　n: scead　o (Pos. 30), p (Pos. 31): serath, Koordinaten von ε Peg.

46: Cf. III 6　d: alferam　i: alferan　klmn: Name von Nr. 47 und Koordinaten von Nr. 46 in einer Zeile, β Peg; ferner dort letzte Position: alferaz, Psc 16° 0, + 26° 0 (fehlt in n).

47: Cf. VI 39　Duplikat neben Nr. 46　b: menchel　ef: mentithil　gh: mentichyl　i: menachil　klmn: siehe oben Nr. 46　o (Pos. 33), p (Pos. 34): mekebalfera, Koordinaten von Nr. 46.

48: Cf. III 17　cekln: Länge Psc 30° 0, m: 20° 0; Breite: —22° 0.

49: Cf. VI 5　i: scedry.

TYP IX

Eine Ableitung aus der 49-Sterne-Liste (Typ VIII) erscheint gelegentlich in Texten über die Herstellung des Quadranten. Auch in verschiedene andere Traktate und Sammlungen hat sie Eingang gefunden. Es handelt sich um ein Verzeichnis von 26 Sternen mit Äquatorkoordinaten, die in den meisten Fällen mit den entsprechenden von VIII übereinstimmen.

ZINNER nimmt gelegentlich 1294 als Epoche und Wilhelm von England als Autor an (ms a, e). a gehört indes zu einer Sammlung von Texten und Tafeln, die nach fol. 1ʳ von JOHANNES DE LINERIIS im Jahre 1322 kompiliert wurden. Andere Hinweise über Zeit und Ort der Entstehung sind in den Überschriften nicht gegeben.

Hier wurden folgende Stellen benutzt:

a) Köln, Historisches Archiv, ms 178 *, s. XIV, fol. 26ʳ (ZINNER, *Verz.* Nr. 2594: Sternverzeichnis für 1294, Wilhelm von England). Nach fol. 1ʳ handelt es sich um eine Kompilation von JOHANNES DE LINERIIS aus dem Jahre 1322.

b) Göttingen, Universitätsbibliothek, Theol. 124, s. XIV, fol. 139ʳ (ZINNER, *Verz.* Nr. 6801: Quadrant). Die Gesamtzahl der Positionen beträgt hier 27, da Nr. 22 doppelt erscheint.

c) Wolfenbüttel, Cod. Guelf. 65 Aug. 2°, anno 1422, fol. 215ᵛ, Traktat „Tabula primi mobilis", fol. 208ᵛff.

d) Wolfenbüttel, Cod. Guelf. 17, 21 Aug. 4°, s. XV, fol. 51ᵛ (ZINNER, *Verz.* Nr. 10859: Tafeln für Leipzig).

e) Frankfurt a.M., Stadt- und Universitätsbibliothek, ms Barth. 134, s. XIV, fol. 118ᵛ (ZINNER, *Verz.* Nr. 6797: Quadrant, mit Sternverzeichnis für 1294). Da es nicht möglich war, von der Handschrift Fotokopien herzustellen, lag mir die Tafel nur in der Abschrift des Bibliothekars, Herrn Dr. Powitz, vor.

f) Paris, B.N. lat. 7294, anno 1433/4, fol. 24ᵛ (POULLE, *Peut-on...* p. 315f, 320f: angeblicher Messahalla-Text; id., *Quadrant* p. 193, Anm. 40).

g) Salamanca, Universitätsbibliothek, ms 2621, fol. 115ᵛ (cf. POULLE, *Jean Fusoris,* p. 17, Anm. 3).

h) München, Clm 27001, s. XV, fol. 5ʳ (ZINNER, *Verz.* Nr. 3599: Astrolabtraktat von Johannes von Gmunden, mit zwei Sternverzeichnissen).

i) München, Clm 19690, s. XVI, fol. 8ᵛ (ZINNER, *Verz.* Nr. 6825: Quadrant).

Die Wiedergabe erfolgt nach h mit ausgewählten Varianten aus den anderen Handschriften. Für die modernen Bezeichnungen der Sterne sowie für Worterklärungen siehe die entsprechenden Sterne in Typ VIII.

Tabula docens inpositiones stellarum fixarum in astrolabio

Lfd. Nr.	Lfd. Nr. in VIII	Zeichen	Name	longitudo zodiaci	latitudo zodiaci
1	1	Ari	mirach	7° 0	14° 0
2	4		ciuif	22° 0	33° 30
3	6	Tau	menkar	6° 0	1° 10
4	9		aldebaran	29° 0	14° 20
5	11	Gem	richel	11° 0	—10° 0
6	10		albarach	6° 0	43° 48
7	13	Cnc	alhabor	3° 0	—15° 39
8	15		alchomeisa	13° 0	7° 9
9	19	Leo	alpharat	9° 0	—15° 30
10	18		alderach	18° 0	52° 0
11	20		cor leonis	19° 5	15° 51
12	21		vrsa	20° 0	35° 0
13	22	Vir	carus	1° 0	15° 30
14	25		algorab	22° 0	—13° 30
15	24		cauda leonis	15° 0	19° 30
16	26	Lib	alchimech	23° 10	—24° 18
17	28		alramech	28° 0	24° 0
18	31	Sco	jod	14° 0	13° 0
19	29		alpheta	2° 0	37° 0
20	33	Sgr	alhaire	21° 15	7° 0
21	35	Cap	wega	10° 0	50° 0
22	36		alkayr	21° 0	7° 0
23	42	Aqr	aldirab	20° 15	50° 0
24	45		straach	30° 0	—19° 0
25	46/47	Psc	humerus	6° 0	24° 0
26	48		cauda ceti	30° 0	—22° 0

Anmerkungen

Überschrift: a: Tabula continens loca aliquarum stellarum fixarum   bcgi: keine Überschrift d: Tabula stellarum fixarum e: Tabula longitudinis et latitudinis stellarum fixarum f: Tabula de impositione stellarum fixarum in rethi siue alentibuch.

„longitudo" („Länge") bedeutet hier, wie in VIII, Mediation, „latitudo" („Breite") ist Deklination.

  1: Breite: c: 0° 0, d: 24° 0.

  2: Länge: d: 13° 0 Breite: a—egi: 32° 30,f: 12° 30 a: enif b: canf c: cinf dgi: cynf e: cinph f: eniff.

  4: f: aldabar.

  6: ab: alhaieth c: alhag'ee f: alaha'et g: alhugeth i: albaych.

  8: b: agameysa c: algomosa.

  9: f: alaharat i: alphorak.

10: Fehlt in acdeg. Breite: fi: 25° 8.

11: Fehlt in e. Länge: abcfgi: 19° 25.

12: Fehlt in d.

13: Breite: acg: —11° 30, bi: + 11° 30, d: —13° 30, e: 11° 0, f: 5° 30 a—ei: coruus f: cornua g: coīcuus.

14: e: algarap.
15: Fehlt in de. bcfg: cauda.
16: Breite +: abcefgi c: alcanech ef: altimech.
17: Breite: abcfgi: —2° 0 c: alacamech f: albamech.
18: a: yeth c: yech f: red g: ceth.
18a: Hinter Nr. 18 hat d folgenden Stern:
capud scorpionis Sgr 1° 0, —19° 0.
Name und Koordinaten stammen nicht aus VIII; vielleicht ist β Sco gemeint;
cf. VIII 30.
20: abcdfg: alhaue e: alhabe i: alphaue.
20a: Hinter Nr. 20 hat e folgenden Stern:
cor scorpionis Sgr 29° 0, —33° 30 = α Sco.
21: b: yoga f: wegha.
22: In b in der folgenden Zeile wiederholt, so daß sich hier insgesamt 27 Positionen
ergeben bfi: altagir c: kayr e: altagor g: alkaet.
23: Länge: abcefgi: 10° 0 c: anderaf.
24: ag: scheat b: sceac c: scoat di: scheath e: cenach.
25: Name von VIII 47, Koordinaten von VIII 46 e: menikep.
26: e: meneb.

TYP X

Zu der in VIII und IX behandelten sogenannten Messahalla-Tradition gehören auch einige Verzeichnisse, die ebenfalls aus Typ VIII abgeleitet sind. Die bei der Übernahme auftretenden kleineren Veränderungen sind fest mit in die Überlieferung eingewachsen, so daß hier ein eigener Typ entstanden ist.

In vollständigem Umfang finden sich die zwei Grundformen dieses Typs in

a^1) Zürich, ms C 364, s. XV, fol. 4va (ZINNER, *Verz.* Nr. 7066: Abhandlung über Herstellung und Verwendung des Astrolabs, vielleicht von Messahalla). Diese erste Liste enthält 22 Positionen, von denen 10 ohne Namen gelassen sind. Nach der etwas undeutlichen Unterschrift ist sie für das Jahr 1400 bestimmt.

a^2) ebda., fol. 4vb. Diese zweite Liste enthält 17 Sterne, darunter 9, die auch in a^1 stehen (unten in der Edition mit Stern * versehen); die Koordinaten differieren leicht.

b) Bernkastel-Kues, ms 211, s. XV, fol. 32vb (cf. KRCHNÁK p. 158) enthält die gleichen 22 Sterne wie a^1. Das Verzeichnis ist hier umgeben von anderen für Nürnberg berechneten Tafeln des „Cunradus appotekarius" (cf. ZINNER, *Verz.* Nr. 671). Jedoch dürfte dieser Apotheker Konrad wohl nur als Überlieferer und kaum als Urheber der Tradition von Typ X anzusehen sein. Unmittelbar unter den 22 Sternen folgen noch weitere 7 Sterne, erneut mit dem Zeichen Aries einsetzend, bei denen jedoch Koordinaten und Bezeichnungen so verwirrt erscheinen, daß sich dafür keine Verwandtschaft aufweisen läßt.

c) Bei G. REISCH, *Margarita Philosophica*, ist in den Drucken ab 1535 ein Text „De compositione astrolabii Messahalath" angehängt, der ebenfalls eine Sterntafel enthält (Basel 1535, p. 1389; nachgedruckt von STEINSCHNEIDER, ZDMG 18 [1864], p. 118ff, Tab. III A; der Charakter der Tafel ist dabei nicht richtig erkannt; Basel 1583, p. 1302). Sie umfaßt 26 Positionen und erweist sich bei näherer Prüfung als Auszug aus a^1 (12 Sterne) und a^2 (14 Sterne). Vielleicht bildete die Züricher Handschrift sogar die Vorlage für den Druck. Wie man sieht, sind die dort namenlosen Positionen im Druck fortgelassen. Eine Identifizierung dieser Positionen nur aufgrund der Koordinaten ist nicht in allen Fällen möglich.

d) München, Clm 11067, s. XV, fol. 190^r (ZINNER, *Verz.* Nr. 6823) enthält in einer Abhandlung über den Quadranten ein Verzeichnis von 17 Sternen für 1405. Hierbei handelt es sich um einen Auszug aus a^1.

e) Wolfenbüttel, Cod. Guelf. 36, 21 Aug. 2°, s. XV, fol. 340^v (ZINNER, *Verz.* Nr. 901: Traktat über Herstellung und Verwendung des Astrolabs) enthält in einem Astrolabtraktat ein kompiliertes Sternverzeichnis mit 33 Positionen, von denen 13 auf a[1] bzw. a[2] zurückgehen[1].

f) Von Interesse ist schließlich auch ein Astrolabtraktat in Brüssel, Bibl. Royale, ms 10123, ca. 1370, der auf fol. 129[v] ein Verzeichnis von 33 Sternen enthält. Nach H.MICHEL[2] handelt es sich bei diesem Traktat um ein Werk des Albumasar (Abū Maʿšar). Auf fol. 122[r] erscheint am Beginn des Traktats jedoch die Überschrift: „Tractatus abb'uiatus [MICHEL: Albumazaris; wohl besser zu lesen: abbreuiatus] et compendiosus ad faciendum astrolabium"; der Vergleich mit der Handschrift zeigt, daß das fragliche Wort auf keinen Fall „Albumazaris" gelesen werden kann, so daß es sich demnach nicht um einen Astrolabtraktat von Abū Maʿšar handelt – der, im positiven Fall, ein bedeutendes Unikum darstellen würde. Der Text muß vielmehr in die sogenannte Messahalla-Tradition eingeordnet werden, wie das kompilierte Sternverzeichnis beweist: alle 17 Sterne von a[2] sind darin mitverarbeitet sowie auch drei oder vier Sterne aus a[1].

a[1]

Lfd. Nr.	Lfd. Nr. in VIII	Stelle in galaxia	Signa	Longitudo	Latitudo	Magnitudo	Lfd. Nr. in c	Lfd. Nr. in d	Lfd. Nr. in f
1	(7)		Tau	14° 0	47° 0	2		1	
2		Gallina		20° 0	21° 30	3	1	2	
3	(9)	Aldebran	Gem	2° 0	15° 0	1	2	3	
4	(10)	Albayoth		9° 30	44° 30	1	3	4	
5	(11)	Rigel		12° 0	— 9° 40	1	4	5	
6				12° 20	27° 30	2		6	
7				16° 0	— 1° 50	2		7	
8	(12)	Orion		20° 30	6° 50	1	5	8	6
9	(13)	Alhabor uel Canis	Cnc	4° 30	—16° 20	1	6	9	
10	(15)			13° 0	6° 40	1		10	
11				13° 15	29° 30	1		11	
12	(20)	Cor leonis	Leo	20° 30	14° 40	1	7	12	
13	(23)	Vrsa maior	Vir	2° 30	64° 40	1	8	13	18
14			Lib	3° 0	8° 10	1		14	
15	(26)	Spica		15° 0	— 8° 20	1	9	15	20
16	(28)	Alramech		29° 0	22° 0	1	10	16	
17	35	Wega	Cap	5° 0	38° 10	1	11	17	
18	(36)	Alkayr		20° 30	6° 30	1	12		(28)
19	39		Aqr	4° 0	43° 30	2			(29)
20	43			17° 0	7° 10	2			(31)
21	47		Psc	24° 0	25° 30	2			
22	(48)			25° 0	11° 30	2			

[1] Auf a[1] gehen zurück: Position 11 (rigel), 12 (orion), 22 (spica) und 29 (wega); auf a[2] gehen zurück Position 8 (menkar), 9 (aldebran), 13 (alhabor), 14 (algomeysa), 16 (alphorat), 20 (coruus), 21 (alkorab), 31 (aldirab) und 32 (humerus).

[2] *Traité de l'Astrolabe*, Paris 1947, p. 9 mit Anm. 4, 146f.; auch Ciel et Terre, Nr. 3–4, 1948, Sonderdruck p. 4f („*Un Astrolabe latin du XIIe siècle*").

a²

Lfd. Nr.	Lfd. Nr. in VIII	Signa	(Namen)	Longi-tudo	Lati-tudo	Lfd. Nr. in c	Lfd. Nr. in f
1	(1)	Ari	Mirach	8° 40	24° 0	13	1
2	6	Tau	Menkar	7° 40	1° 0	14	3
3*	9	Gem	Aldebran	1° 26	14° 20	15	4
4*	(11)		Rigel	12° 38	— 8° 0	16	5
5*	(10)		Alyahor	7° 38	43° 48	17	7
6*	13	Cnc	Alhabor	6° 0	—15° 30	18	10
7*	15		Algomeysa	15° 38	7° 25		11
8	(19)	Leo	Alforat	10° 38	—15° 10	19	14
9*	20		Cor leonis	21° 31	15° 21	20	15
10	22	Vir	Coruus	2° 38	—11° 30	21	16
11	25		Alkorab	23° 30	13° 0	22	17
12*	(28)	Lib	Alramech	29° 47	20° 0		21
13	(29)	Sco	Alpheta	3° 26	26° 0	23	22
14	(32)	Sgr	Cauda scorpionis	1° 0	—19° 0	24	25
15*	35	Cap	Wega	4° 30	38° 30		27
16	42	Aqr	Aldirap	11° 40	50° 0	25	30
17*	47	Psc	Humerus equi	21° 0	25° 0	26	32

Anmerkungen a¹

Keine Überschrift in adef b: Ista parva tabula stellarum fixarum est quasi veris-
sima et valet ad inponendum ad astrolabium et non alie et sunt equate anno
christi 1400 c: Stellae in Galaxia.

„longitudo" („Länge") bedeutet hier, wie in VIII, Mediation; „latitudo" („Breite")
ist Deklination.

Die Deklinationen sind häufig gegenüber VIII um einige Minuten kleiner angesetzt;
die Mediationen sind meist um einige Grade größer als in VIII, wie es die spätere
Epoche erfordert.

1: Wahrscheinlich Algenib, α Per d: Das Wort „Galaxia" aus der Kolumnenüber-
schrift ist als Sternname in die erste Zeile gesetzt (auch b: in galaxia); Länge Tau
24° 0, Breite 27° 0.

2: Koordinaten und Name der Plejaden (cf. Abenragel, Rabbi D. Kimchi und
Rabbi Jarchi bei HYDE, Kommentar zu seiner Uluġ Bēg-Ausgabe, Oxford 1665,
p. 32f; auch *Astronomia. Teutsch Astronomei*, Frankfurt [Jacob zum Barth]
1545: „Gallina" oder „Clotha", sieben Sterne, „die Kluck mit den hünlin im
Stier"; noch früher bereits MICHAEL SCOTUS so in der Sternbilderbeschreibung
seiner „Astronomie", z.B. ms Cus. 207, fol. 112ʳᵃ [dieser Text ist identisch mit
dem von SAXL aus ms Vindob. 2352 beschriebenen und von F. BOLL behandelten; s. Zeitschr. der Dtsch. Morgenl. Ges. 115, 1965, p. 70 mit den Anmerkun-
gen]; ähnlich ib. fol. 108ʳᵇ) b: plijades.

4: b: albarot.

5: d: Breite +.

6, 7: Nach den Koordinaten nicht identifizierbar. 6: d: Breite —.

8: c: Crion f (Pos. 6): wie acd; daneben Pos. 8: Algenze, Gem 21° 40, + 5° 20
(nicht aus VIII ableitbar, auch nicht als ekliptikale Koordinaten zu identifizieren).

10: b: algumersa d: Algomeysa.

11: Wahrscheinlich β Gem.

13: b: ursa maior, dazu in der Namenkolumne der darunter folgenden Zeile: uel rota posterior.

14: Nach den Koordinaten nicht identifizierbar.

15: b: asarfa (= arab. $a\d{s}$-$\d{s}arfa$, β Leo), hier falsch eingesetzt; die Namen von Nr. 15, 16, 17, 18 und 21 daher um eine Zeile nach unten verschoben.

18: f: Länge Cap 19° 30, Breite + 5° 30.

19: Verwandschaft der Koordinaten mit VIII 39   f: gleiche Koordinaten, dazu Name: Delphiin (dem Namen entspräche VIII 41; die Koordinaten gehören jedoch zu VIII 39).

20: Verwandtschaft der Koordinaten mit VIII 43 f (Pos. 31): Juba equi, Aqr 16° 50, + 5° 20, bezeichnet den gleichen Stern.

21: Verwandtschaft der Koordinaten mit VIII 47   b: humerus equi et est finis cruris magne (?), bestätigt die Gleichsetzung mit VIII 47, β Peg.

22: Nach den Koordinaten nicht identifizierbar. Zusammenhang mit VIII 48 ist nicht ausgeschlossen.

Anmerkungen a²

Keine Überschrift.

Die Deklinationen sind häufig gegenüber VIII um einige Minuten größer angesetzt.

14: Cauda Schreibfehler für Cor, a Sco f (Pos. 25): wie a² c, Name: Clauda steron; daneben Pos. 24: Cor scorpij, Sgr 1° 0, — 4° 0, ebenfalls = a Sco (mit ekliptikalen Koordinaten! – Zunahme gegenüber Ptolemäus + 18° 20, also gut zu einer Epoche um 1400 passend).

TYP XI

In den angeblichen Messahalla-Texten wird auch häufig ein Verzeichnis von 29 Sternen mit Äquatorkoordinaten überliefert, das laut Überschrift 1223 (bzw. 1233) in Paris berechnet wurde.

Es trägt nicht die Merkmale einer Übersetzung. Die Elemente – Namen, Koordinaten, Glossen – sind zumeist aus anderen Verzeichnissen bekannt. Die Einordnung von XI unter die anderen Verzeichnisse bereitet jedoch Schwierigkeiten. POULLE, *Peut-on...* p. 317ff nimmt an, das 29-Sterne-Verzeichnis sei eine Pariser Umarbeitung des alten 27-Sterne-Verzeichnisses aus Typ III, zu der man sich genötigt gesehen habe, nachdem jenes – besonders die zweite Koordinatenkolumne darin – unverständlich geworden sei. Untersucht man die Tabelle daraufhin, so stellt man fest: Sie enthält hauptsächlich die Sterne (und das Namenmaterial) wie III; von den Sternen in III fehlen hier – wie übrigens auch in VIII – Nr. 7 und 24; dagegen finden sich hier gegenüber III neu die vier Sterne Nr. 2, 11, 19 und 28, die jedoch gleichlautend in VIII stehen; schließlich entspricht auch Nr. 26 dem Stern Nr. 41 in VIII (und nicht Nr. 5 in III, welcher selbst in VIII durch Nr. 37 repräsentiert ist). In fünf (neuen!) Sternen stimmt also XI zu VIII und nicht zu III; rechnet man noch den zusätzlichen Stern 3a dazu, sind es sogar sechs.

Oben war festgestellt worden, daß VIII aus III und VI zusammengefügt wurde. Die Datierung von VI (Paris 1246) ist kaum anzuzweifeln. VIII müßte also nach 1246 entstanden sein. Wenn die Datierung von XI (1223) stimmt, so könnte man annehmen, VIII habe das Material von III nicht direkt aus jener Tradition, sondern vielmehr aus der revidierten Version von 1223 (XI) übernommen, mit anderen Worten: VIII sei eine erheblich erweiterte Fassung von XI (so POULLE, *Peut-on...* p. 319). Dagegen spricht jedoch sehr stark, daß XI fünf bzw. sechs Sterne zeigt, die nicht in III, wohl aber in VIII vorkommen, darunter sogar ein Duplikat: Nr. 27 (= VIII 46, aus III 6) neben Nr. 28 (= VIII 47), wie es typisch ist für VIII; diese fünf bzw. sechs gehören zu denjenigen in VIII, die aus VI herzuleiten sind. So läßt also das Material in XI eher darauf schließen, daß XI ein Auszug aus VIII ist. Diese Annahme bringt freilich ein chronologisches Problem mit sich: Terminus post quem für VIII ist 1246; XI müßte also ebenfalls jünger sein als 1246, wobei noch die dazwischenfallende Entstehung von VIII hinzuzurechnen wäre; in der Überschrift von XI wird jedoch 1223 (bzw. 1233) als Abfassungsjahr angegeben. Hat unsere Annahme Gültigkeit, so müßte diese Datierung in ein späteres Jahr umgewandelt werden (frühestens 1253). Ein abschließendes Urteil wäre hier bei der gegenwärtig noch unzureichenden Erschließung der Quellen verfrüht.

Die Nomenklatur von XI erscheint ganz rein auf einem gotischen Astrolab aus dem 13. oder 14. Jahrhundert, das sich jetzt im Maritime Museum in Greenwich befindet[1]; auch das Instrument GUNTHER Nr. 300 ist hierzu zu rechnen.

Das Verzeichnis von Typ XI begegnet uns vorzüglich in zwei Redaktionen. Die erste Redaktion nennt in der Überschrift das Jahr und den Ort der Anfertigung und gibt drei Koordinatenkolumnen (Mediation, „Gradus longitudinis ex utraque parte" und „Altitudo meridiana"). Sie erscheint in:

 a) Cambridge, Universitätsbibliothek, ms Hh 6. 8, fol. 236; zitiert nach dem Druck von W.W.SKEAT, *A Treatise on the Astrolabe by Geoffrey Chaucer*, London 1872, p. XLIIIf.
 b) Erfurt, Amplon. 2° 38, s. XIII, fol. 2ᵛ (ZINNER, *Verz.* Nr.10207: Sterne für 1223).
 c) Leiden, Scal. 64, s. XIV, fol. 120ᵛ (ZINNER, *Verz.* Nr. 10935: Toledanische Tafeln, darin drei Sternverzeichnisse).
 d) Paris, B.N. lat. 7413 (2), s. XIV, fol. 36ᵛ (POULLE, *Peut-on...* p. 313, 318f). Hier sind rechts außen in zwei weiteren Kolumnen die gleichen Werte (latitudo und longitudo, in dieser Reihenfolge) aufgeführt, die die zweite Redaktion allein bietet.

Die zweite Redaktion nennt in der Überschrift Jahr und Ort der Bearbeitung nicht und enthält nur zwei Koordinatenkolumnen, deren erste („longitudo") Mediationen und deren zweite („latitudo") Deklinationen gibt, deren Zusammenhang mit VIII ersichtlich ist. Diese Redaktion kommt etwas häufiger vor:

 e) Darmstadt, ms 2661, s. XIII, fol. 156ᵛ (ZINNER, *Verz.* Nr.7022: Messahalla, Herstellung und Verwendung des Astrolabs).
 f) Paris, B.N. lat. 7416 B, s. XIII und XIV, fol. 86ʳᵃ (POULLE, *Peut-on...* p. 317). Enthält zusätzlich den Stern mencar.
 g) Brügge, ms 522, s. XIV, fol. 68ʳ (ZINNER, *Verz.* Nr. 7042: Messahalla, Herstellung und Verwendung des Astrolabs).
 h) Paris, B.N. lat. 7413 (1), s. XIV, fol. 10ᵛᵃ (POULLE, *Peut-on...* p. 317). Hier findet sich zusätzlich ein dreißigster Stern (menkar).
 i) Erfurt, Amplon. 4° 355, s. XIV, fol. 56ᵛ (ZINNER, *Verz.* Nr. 7032: Messahalla, Herstellung und Verwendung des Astrolabs).
 k) Paris, n.a.l. 693, s. XIII–XIV, fol. 13ᵛ (POULLE, *Peut-on...* p. 317ff). Die Liste beginnt hier mit dem Zeichen Libra, Nr. 17, und wird von da an in regelmäßiger Reihenfolge fortgesetzt.

---

[1] Beschrieben von E.POULLE, *L'astrolabe médiéval*, p. 81 ff; Abbildung zwischen p. 82 und 83.

Tabula stellarum fixarum que ponuntur in astrolabio, certificata ad ciuitatem parisius cuius latitudo est .48. gradus et .50. minuta. in anno domini nostri iesu christi .1223.

Lfd. Nr.	Lfd. Nr. in VIII	Signa	Nomina stellarum fixarum	Gradus cum quibus mediant celum	Gradus longitudinis ex utraque parte	Altitudo meridiana	In quibus ymaginibus sint	longitudo	latitudo
1	3	Ari	pacarcaitoz .i. pes caitoz	20°	39°	28° 0	in pede cuiusdam animalis	20° 0	−14° 0
2	7	Tau	algen	7°	71°	88° 0	in fronte algonis, immo in dextro persei latere	10° 0	46° 0
3	9		aldebaran	28°	49°	46° 30	in oculo tauri	28° 0	14° 30
4	10	Gem	alhaios	3°	74°	87° 0	in humero agitatoris	3° 0	45° 0
5	11		ragel	10°	39°	32° 0	in pede orionis	9° 0	−10° 0
6	12		algeuie	14°	55°	49° 0	in pede geminorum	15° 0	8° 0
7	13	Cnc	alhabcr	1°	36°	26° 0	in cane meridionali	1° 0	−15° 0
8	15		algomeiza	10°	56°	48° 30	in cane septentrionali	10° 0	7° 0
9	17		egregez	24°	72°	87° 0		24° 0	45° 0
10	18	Leo	aldiraan	6°	52°	48° 0	in fronte leonis	6° 0	6° 0
11	19		alfard	13°	41°	35° 0	in ydra serpente	13° 0	−18° 0
12	20		calbalacet	18°	61°	57° 0	in corde leonis	18° 0	15° 0
13	21	Vir	alrucaba	17°	76°	90° 0		19° 0	48° 0
14	25		alglari	18°	38°	31° 0	in centauro	18° 0	−11° 0
15	26	Lib	alchimech	9°	42°	35° 0	inhermis	9° 0	−7° 0
16	27		benenaî	18°	74°	84° 0	vltra cenith in temone plaustri	18° 0	54° 0
17	28		alramech	24°	65°	65° 0	qui tenet lances	24° 0	24° 0
18	29	Sco	elfeta	16°	71°	72° 0	in corona	16° 0	31° 0
19	30		alielis	17°	57°	51° 0		17° 0	15° 0
20	32		calbalagrab	27°	14°	10° 0	in corde scorpionis	27° 0	−23° 0
21	33	Sgr	allahin	13°	57°	57° 0	in capite alay	13° 0	15° 0
22	35	Cap	wega	1°	72°	79° 30	in vulture cadenti	1° 0	38° 0
23	36		altahir	14°	55°	48° 30	in telo uel in aquila uolanti	14° 0	7° 0
24	38		alrif	30°	73°	84° 0	in cigno	29° 0	42° 0
25	40	Aqr	libideneb	6°	34°	20° 0	in cauda capricorni	6° 0	−22° 0
26	41		delfin	10°	45°	48° 30		10° 0	6° 0
27	46	Psc	halferaz	6°	65°	65° 0	in pegaso	6° 0	24° 0
28	47		humerus equi	17°	71°	87° 0	vltra cenith. in equo alato	18° 0	25° 0
29	48		denecaitoz	22°	36°	32° 0	in cauda caytoz	22° 0	−10° 0

l) Einsiedeln, Stiftsbibliothek, ms 29 (Msc. 878), s. XIV, pag. 121 (ZINNER, *Verz.* Nr. 7040: Messahalla, Herstellung und Verwendung des Astrolabs, mit drei Sternverzeichnissen). Hier befindet sich, wie in h, ebenfalls zusätzlich der Stern menkar.

m) Erfurt, Amplon. 2° 376, s. XIV, fol. 89ra (ZINNER, *Verz.* Nr. 4482: Abhandlung über das Himmelsgerüst). Hierbei befinden sich die gleichen drei Sternverzeichnisse wie in l; die Liste enthält also auch den Stern menkar (Position 3a).

Die Wiedergabe folgt a, mit ausgewählten Varianten aus den anderen Handschriften. Die beiden Koordinatenkolumnen der zweiten Redaktion werden der Tabelle, nach der Version e, hinzugefügt. Die modernen Bezeichnungen können hier fortfallen, da bei jeder Position auf den entsprechenden Stern in Typ VIII verwiesen wird, wo sich diese sowie auch Worterklärungen befinden.

Anmerkungen

Überschrift b: in anno christi c: nur bis ad ciuitatem pirius (sic) d: anno M CC 33
    eghi: Tabula stellarum fixarum que ponuntur in astrolabio cum longitudine
    sua in circulo signorum et latitudine sua ab equinoctiali. et dicitur hic [g: et
    est] longitudo stelle gradus zodiaci cum quo [hm: stella] uenit ad medium celi
    [g: celum mediat, m: celi fehlt] f: Tabula secundum antiquam positionem
    ptholomei et hec est (Beziehung auf Ptolemäus falsch, da hier nicht Ekliptik-,
    sondern Äquatorkoordinaten vorliegen; cf. auch III u) kl: keine Überschrift
    k: keine Glossen.
    c: Kol. I ohne Titel, Kol. III: altitudo meridionalis d: Kol. II nur: gradus
    longitudinis; dazu in einer weiteren Kolumne auch die Deklinationen (,,latitudo'') wie e–m.
  1: Die Abkürzung der Glosse bei SKEAT falsch aufgelöst in ,,alitis''. pes caitoz
    Mißverständnis, da aus arab. *baṭn qayṭus* ,,Bauch des Walfisches''.
  2: b–l: algon m: longo a: lateris Glosse: cd–m: der Passus ,,immo...'' fehlt.
  3: Kol.II: bcd: 59° Kol. III: bcd: 56° 30'.
3a: fhlm haben hier einen zusätzlichen Stern:
            mencar Tau 2° 0 + 12° 0 in nare ceti (cf. VIII 6).
  6: Kol. I: bcd: 15° Glosse falsch (humerus orionis!) begk: algeme c: algome
    d: algemen fhlm: algeuze i: algenier.
  7: a (SKEAT): alhaioz.
  9: d: inter pedem priore(m) vrse et capri leonis i: keine Glosse, von späterer
    Hand: caput geminorum (cf. VI f [Einschub 16a]; XVI 21; Verwechslung mit
    razalgeuze).
 10: k: 10 und 11 umgestellt.
 11: Breite: dfk: —8° 0 bce–m: keine Glosse i: keine Glosse, von späterer Hand:
    equs uel singularis (aus VIII).
 12: Name: e–m: cor leonis.
 13: bcefhi: in humero agitatoris e: sagitatoris d: pes vrse maioris.
 14: b: algari c: alglor d: in centauro. ala eius ei: algurali fhlm: algorab.
 15: Glosse: befgim: in ermis (,,in'' als Präposition) h: in crinis.
 16: f: denenaz hlm: bunnenaz.
 17: e: alramer.
 18: c: effeta k: elfera.

19: bci: alielil e: aheba fh: halhelil g: alhelil l: halbelil m: halhellil.

20: c: calbolagar.

21: b: alhaimi ceghk: alhaum d: alhanun in capite alai caput alhalba (Glosse aus
    arab. *ra's al-ḥawwā'* [bzw. *al-ḥāwī*] ,,Kopf des Schlangenträgers") fl: alhaue,
    in capite aloa [aloa auch hm] i: alhauni l: in capite alaonis m: sagita alhau.

23: f: alcayr Glosse: ,,telum" für aquila, cf. Pseudo-Gerbert, ed. BUBNOV p. 137,
    9–11 mit Apparat.

24: In k hinter Nr. 26 m: aleif.

25: Kol. II: bcd: 35°.

26: Kol. II: bcd: 55° d: delphin uel degriech.

27: c–m: alferaz.

29: In l vor Nr. 27.

TYP XII

Etwa in der Mitte des elften Jahrhunderts wurden von spanisch-arabischen Astronomen unter Anleitung von Ibn Ṣāʿid al-Qurṭubī[1] und unter Mitarbeit des Azarquiel[2] astronomische Beobachtungen angestellt, deren Ergebnisse in Form einer Tafelsammlung niedergelegt wurden. Dieses Tabellenwerk nebst einer zugehörigen Einleitung übertrug GERHARD VON CREMONA ins Lateinische, wo es als „Tabulae Toletanae"[3] weiteste Verbreitung fand. Zu den Tafeln gehörte auch ein Fixsternverzeichnis. In den erhaltenen lateinischen Texten finden sich jedoch mehrere Formen des Verzeichnisses; am häufigsten treten dabei Typ XII und Typ XIII auf.

Typ XII enthält 40 Sterne mit Ekliptikkoordinaten; Längenzunahme gegenüber Ptolemäus 14° 7′. In der Überschrift von m wird als Epoche das Jahr 400 der Hiǧra (1009/10) angegeben. Das ist erheblich zu früh angesetzt; es muß ein Überlieferungsfehler vorliegen[4]. ZINNER errechnet, bei Annahme einer Präzession von 1° in 69 Jahren, die Epoche 1126; POULLE, *Peut-on...* p. 310, Anm. 1, kommt bei 1° in 66 Jahren auf 1070. Das dürfte wahrscheinlicher sein, wenn man andere Daten dazu berücksichtigt[5].

Das Verzeichnis trägt alle Merkmale einer Übersetzung aus dem Arabischen. Im arabischen ms Paris 4824 (datiert 1276/7), das den Traktat des Azarquiel über die nach ihm benannte „arzachelische Saphea" in der längeren Redaktion zu 100 Kapiteln enthält, findet sich eine Tafel von 37 Sternen mit Ekliptikkoordinaten; die Längendifferenz zu Ptolemäus ist nicht konstant[6]; sie ist bei den meisten Sternen um 13′ bzw. 15′ größer als im lateinischen Text. Diese Tafel ist mit XII im Aufbau und in der

---

[1] Gest. 1070; cf. SUTER Nr. 244; BROCKELMANN, GAL I 343, Suppl. I 585. Siehe auch das Zitat aus ms Paris, B.N. lat. 7281, fol. 30ʳ, bei MILLÁS, *Estudios* p. 14.

[2] Gest. 1100; cf. SUTER Nr. 255; BROCKELMANN, GAL I 472f, Suppl. I 862.

[3] Cf. ZINNER, *Tab. Tol.*; MILLÁS, *Estudios* p. 36ff.

[4] 460 (= 1067/8) wäre dagegen sehr wahrscheinlich, auch 480 (= 1087/8) oder 490 (1096/7) kämen in Frage.

[5] 1070: Ibn Ṣāʿid gestorben; 1080/1: Beobachtung von α Leo durch Azarquiel (gefundene Länge: Leo 16° 33′; stimmt mit keinem der Tabellenwerte – weder XII noch XII A noch XIII – glatt überein); 1100: Azarquiel gestorben. Die ältesten Handschriften, in Deutschland, datieren bereits aus der Mitte des 12. Jahrhunderts: b, 1145 und a, 1163–68.

[6] Mit stillschweigender Korrektur leichter Schreibfehler: fünfzehnmal + 14° 20′, zwölfmal + 14° 22′, und sechsmal + 14° 23′. DESTOMBES nimmt als Epoche an 1180.

Anordnung im wesentlichen identisch: beide umfassen die Sterne in drei[7] Gruppen: solche erster, solche zweiter und solche dritter Größe; innerhalb jeder Gruppe sind die Sterne nach Tierkreiszeichen aufsteigend geordnet. Die lateinische Tafel weist gegenüber der arabischen eine strenge Systematik auf; der Übersetzer hat die Werte anhand des Almagest einheitlich festgelegt. Vier Sterne sind in der lateinischen Tafel mehr vorhanden gegenüber der arabischen (Nr. 29, und am Ende die drei Sterne Nr. 38 bis 40)[8]. Ein Stern der arabischen Tafel (Nr. 20a, in XII A Position 15) ist in der lateinischen Hauptüberlieferung verlorengegangen; in zwei Handschriften (hm) wird er jedoch noch geführt, d.h. also, er gehörte der ursprünglichen Übersetzung mit an.

Bei dieser Quellenlage ist zu schließen, daß Azarquiel ein Sternverzeichnis schuf, das dann, sei es noch von ihm selbst, sei es von anderen, als Element in verschiedene Werke eingefügt wurde, so in die Sammlung der „Toledanischen Tafeln" und in die Beschreibung der Saphea.

Existenz und Aufbau der arabischen Tafel werden noch von einer anderen Seite bestätigt: Das von Abraham b. ʽEzra in seinen Astrolabtraktat *Sefer keli neḥošet* aufgenommene Verzeichnis[9] entspricht genau der arzachelischen Tafel; lediglich die beiden Sterne XII A 31 (β Ari) und 34 (γ bzw. ξ Gem) fehlen hier. Das will bei dem sehr schlecht überlieferten Text aber nichts besagen gegenüber der in allem anderen deutlich erkennbaren Übereinstimmung.

Das Verzeichnis hat später sehr große Verbreitung gefunden und wurde auch von anderen Autoren vollständig oder in Auszügen in ihre Werke übernommen, wobei die Koordinaten meist unverändert beibehalten wurden.

Es liegen auch bereits zwei Editionen vor, die jedoch noch nicht voll befriedigen (ZINNER, cf. d; MILLÁS, cf. i). Eine weitere Edition hat neuerdings G. TOOMER veranstaltet[10].

---

[7] ZINNER, *Tab. Tol.*, p. 761 sieht hier fünf Gruppen.

[8] Eigentlich ist die arabische Tafel in zwei Kolumnen zu je zehnmal zwei Sternen, also für 40 Sterne eingerichtet; in drei Abteilungen ist jedoch nur ein Stern eingetragen. Das Manuskript ist ziemlich fehlerhaft; Koordinaten und sogar Namen sind häufig verschrieben. Ob der arabische Text ursprünglich auch einmal 40 Sterne enthielt, ist nach dieser einen Handschrift nicht zu entscheiden.

[9] Berechnet für das Jahr 4906 der Schöpfung = 1145/6 mit einer Präzession von 1° in 70 Jahren. Die Koordinaten sind fast ausnahmslos stark entstellt; die Tierkreiszeichen dagegen stimmen. Sehr fehlerhaft gedruckt von H. EDELMANN, Königsberg/Preußen 1845. Cf. M. STEINSCHNEIDER, *Die hebraeischen Übersetzungen des Mittelalters*, Berlin 1893, p. 583 (mit Anm. 338–341); S. GANDZ, *The Astrolabe in Jewish Literature*, Hebrew Union College Annual IV (Cincinnati, 1927), p. 469 ff.

[10] „*Survey of the Toledan Tables*", Osiris XV, p. 1–170, speziell p. 119 ff., Tabelle 82. Grundlage der Edition bildet TOOMERS ms V (bei mir: d), das auch ZINNER bereits für seine Edition benutzt hat; dazu kommen Varianten nach TOOMERS ms L (bei mir: XIV a). Ich durfte dank der Freundlichkeit von Herrn Toomer einen Durchschlag seines Manuskripts vorab einsehen.

Folgende Stellen wurden benutzt:

a) München, Clm 13021, anno 1163–68, fol. 65ᵛ (ZINNER, *Verz.* Nr. 10919: Toledanische Tafeln; Datierung der Handschrift gemäß CURTZE, Abh. Gesch. math. Wiss. 8 [1898], 1; id., *Tab. Tol.*, ms A). Sehr altertümliche arabische Ziffern.

b) Darmstadt, ms 765, anno 1145, fol. 214ʳ (ZINNER, *Verz.* Nr. 10990; id., *Tab. Tol.*, ms C). Römische Zahlen.

c) München, Clm 18927, s. XIII, fol. 26ᵛ (ZINNER, *Tab. Tol.*, ms D; scheint, nach ZINNER a. a. O. p. 766, die älteste Vorlage wiederzugeben). Sehr altertümliche arabische Ziffern, ähnlich a.

d) Wien, ms 2385, s. XIII, fol. 36ʳ (ZINNER, *Verz.* Nr. 10929: Toledanische Tafeln; id., *Tab. Tol.*, ms M; bei G. TOOMER ms V). Gedruckt von E. ZINNER, *Tab. Tol.*, p. 755f. Geringfügige Abweichungen der Lesungen werden im Apparat erklärt.

e) Madrid, Bib. Nac., ms 10016, s. XIII, fol. 70ʳ (MILLÁS, *Traducciones* p. 252; id., *Estudios*, p. 372f).

f) Paris, B. N. lat. 16207, s. XIII, fol. 46ᵛ (POULLE, *Peut-on...* p. 310).

g) Paris, B. N. lat. 7406, s. XIV, fol. 58ʳ (POULLE, *Peut-on...* p. 310).

h) Paris, B. N. lat. 7409, s. XIV, fol. 37ʳ (POULLE, *Peut-on...* p. 310).

i) Madrid, Bib. Nac., ms 9271, fol. 101ᵛ (MILLÁS, *Estudios* p. 61, 69). Die Auswahl von 24 Sternen, die MILLÁS, *Estudios* p. 70 aus der 40-Sterne-Liste gedruckt hat, muß dieser Handschrift entnommen sein, da sich auch hier die von MILLÁS nachgedruckten Fehler finden (cf. unten zu Nr. 17). Die Handschrift enthält jedoch das vollständige Verzeichnis aller 40 Sterne in der üblichen Reihenfolge.

k) Erfurt, Amplon. 4° 362, s. XIV, fol. 17ᵛ–18ʳ (ZINNER, *Verz.* Nr. 10209: 29 Sterne für 1223; id., *Tab. Tol.* p. 761). Der Name von Nr. 10 ist zu Nr. 11 geraten, alle folgenden Namen eine Zeile tiefer als die zugehörigen Koordinaten, Name von Nr. 20 ausgefallen; Nr. 39 und 40 sind hinter Nr. 20 eingereiht, Nr. 25 und 26 umgestellt; der Name von Nr. 32 ist geteilt, die erste Hälfte als Name in die Zeile von Nr. 30 geschrieben.

l) Erfurt, Amplon. 8° 82, s. XIV, fol. 86ᵛ (ZINNER, *Verz.* Nr. 10208: 29 Sterne für 1223; id., *Tab. Tol.*, ms G). l enthält 39 Positionen, Nr. 40 ist ausgefallen. Die Reihenfolge ist gestört: Nr. 7, 8, 9 sind hinter Nr. 20 eingereiht; zu Nr. 10 ist fälschlich der lateinische Name von Nr. 9 gesetzt, dadurch die Namen von Nr. 10–19 um eine Zeile nach unten verschoben, Name von Nr. 20 fehlt.

m) Wien, ms 5311, s. XIV–XV, fol. 130ʳᵃ (ZINNER, *Verz.* Nr. 10210: Sterne; id., *Tab. Tol.*, p. 761). Hier hinter Nr. 20 eingeschoben der ursprünglich mit zur Liste gehörende Stern *a* Per (latus leuantis caput algol, cf. XII A 15 und H 15). Stern Nr. 26 ist an der üblichen Stelle ausgelassen und am Ende nachgetragen. m weist an einigen Stellen Werte auf, die besser mit Ptolemäus übereinstimmen; wahrscheinlich liegen Korrekturen des Schreibers anhand des Almagest vor. In einer extra Kolumne werden auch die Größen aufgeführt.

n) Oxford, Bodleiana, ms Can. Misc. 51, s. XV, fol. 68ᵛ (in der Arbeit über die Toledanischen Tafeln von G. TOOMER ms Ca). Die Liste folgt im Aufbau und der Anordnung dem Typ XII; bei den meisten Sternen sind die entsprechenden Namen und Längen, bei 17 (bzw. 18) Sternen auch die Mediationen und Deklinationen aus XIII dazugesetzt; vor Nr. 8 erscheint ein Duplikat von Nr. 20; die Koordinaten von Nr. 8 bis einschl. Nr. 17 stehen dann jeweils eine Zeile tiefer als der zugehörige Name; Nr. 40 ist hinter Nr. 25 eingereiht. Auch die Pseudo-Messahalla-Überlieferung (Typ XI; hier namentlich erwähnt: ,,macellema") ist mit benutzt worden: hinter Nr. 23 ist η UMa daraus eingeschoben; einige Glossen stammen ebenfalls daher.

o) München, Clm 10662, s. XV, fol. 146ᵛ–147ʳ (ZINNER, *Verz.* Nr. 10942: Sternverzeichnis der Toledanischen Tafeln; id., *Tab. Tol.*, ms AB). Die gleiche Anordnung wie l. Hinter den meisten Namen in anderer Farbe richtigstellende Identifikationen mit Namen aus der in dieser Zeit verbreiteten Almagest- und Pseudo-Messahalla-Überlieferung.

p) München, Clm 26666, s. XV, fol. 130ʳ⁻ᵛ (ZINNER, *Verz.* Nr. 6530: Jean de Lignières, Tafeln I für Paris, 40 Sterne; laut brieflicher Bestätigung von Herrn Prof. Zinner auf fol. 118, beginnend mit Aldebaran. Nach Angabe der Bibliothek findet sich an der angegebenen Stelle kein Sternverzeichnis, wohl aber auf fol. 130ʳ⁻ᵛ, und zwar dieses Verzeichnis von 40 Sternen, beginnend mit ,,cor thauri"). Die gleiche Anordnung wie l und o.

q) Vat. Gr. 212, s. XIV, fol. 84ᵛ (MERCATI – FRANCHI DE' CAVALIERI, *Codices Vaticani Graeci*, I [Rom 1923], p. 271). Mittelgriechische Übersetzung der Toledanischen Tafeln aus dem Italienischen (doch wohl zu verstehen: Lateinischen). Nur in der ersten Kolumne (Stern 1–14) sind auch einigen Sternen Namen beigeschrieben, sofern der Übersetzer bekannte griechische Ausdrücke zur Verfügung hatte, wobei jedoch Fehler unterlaufen sind. Am Rande links außen neben acht Sternen die lateinischen Namen beigefügt. In Kolumne II (Nr. 15–28) und III (Nr. 29–40) ist keine Spalte für Namen vorgesehen.

r) Erfurt, Amplon. 2° 38, s. XIII, fol. 2ʳ (ZINNER, *Verz.* Nr. 2341: Naṣīr ad-Dīn aṭ-Ṭūsī, Sternverzeichnis für 1232; id., *Tab. Tol.*, ms I). Stern Nr. 26 ist an seiner richtigen Stelle ausgelassen und am Ende nachgetragen. Die Längen sind hier um 2° gegenüber dem üblichen Wert von XII vermehrt.

Diese Tafel wurde auch von mehreren Autoren komplett in ihre Werke übernommen. Dazu gehören:

s) RAYMUND VON MARSEILLE (12. Jahrhundert, vor 1141), Astrolababhandlung. Erhalten in Paris, B. N. lat. 10266, anno 1486, fol. 112ʳ (POULLE, *Peuton...* p. 316f; die Folioangabe unzutreffend; id., *Raymond* p. 867, ediert ebda. p. 887f). Die 40 Sterne sind hier nach Tierkreiszeichen aufsteigend angeordnet; dabei ergibt sich die Reihenfolge: 14. 30. 31. 32. 15. 1. 2. 16. 3. 33. 4. 17. 34. 5. 18. 19. 6. 21. 20. 7. 8. 29. 10. 9. 22. 23. 24. 35. 38. 39. 40. 25. 11. 26. 12. 36. 13. 27. 28. 37. Die Minuten der Breiten sind in römischen Zahlen gegeben. Dabei ist in Position 15 (= Nr. 18) fälschlich die Angabe X aus Position 14 (= Nr. 5) wiederholt, so daß von hier an alle Minutenangaben der Breiten um eine Zeile nach unten verschoben erscheinen; am Ende ist entsprechend der Wert XX (von Position 40 = Nr. 37) fortgefallen.

t) Eine Bearbeitung davon liegt vor in ms Stuttgart, mat. 4°33, s. XIII, pag. 48–49 (ZINNER, *Instrumente* p. 140, Bezug auf *Verz.* Nr. 7019c). Die gleiche

Anordnung wie in s, nur ist das Zeichen Libra (Sterne Nr. 10 und 9) an seiner Stelle ausgefallen und am Ende nachgetragen. Die Koordinaten sind in römischen Zahlen geschrieben.

u) ARIALDUS (12. Jahrhundert), Astrolababhandlung. Erhalten in Paris, B.N. lat. 16652, s. XIII, fol. 31ᵛ–32ʳ (POULLE, *Peut-on*... p. 311). Ebenfalls nach Tierkreiszeichen aufsteigend angeordnet, d. h. in der Reihenfolge wie s und t, jedoch sehr nachlässig geschrieben: der Schreiber hat jede der senkrechten Kolumnen heruntergeschrieben, ohne die zeilenweise Übereinstimmung zu berücksichtigen. In der Namenkolumne fehlen drei Namen (Nr. 3, 33, 4); zwei Namen (Nr. 26 und 12) sind zusammen in eine Zeile geschrieben; zwei Namen sind auseinandergerissen und je in zwei Zeilen geschrieben (Nr. 13, 13′ und 37, 37′); es ergeben sich also insgesamt 38 Zeilen bei den Namen. Bei den Tierkreiszeichen ist Tau einmal zuviel aufgeführt; es ergeben sich 41 Zeilen. Bei den Längen fehlt diejenige von Nr. 33; es ergeben sich 39 Zeilen. Bei den Breiten sind zwischen Nr. 34 und 8 durch Wiederholungen statt sieben fälschlich acht Werte eingefügt; es ergeben sich 41 Zeilen.

WILHELM VON ENGLAND, aus Marseille, 1231, Abhandlung über die Saphea (ein von ihm selbst verfaßtes Werk; zu unterscheiden von der lateinischen Übersetzung durch Profatius und Johannes Brixiensis [1263] aus der hebräischen Übersetzung von Profatius des arabischen Traktats über den gleichen Gegenstand von Azarquiel selbst; cf. P. TANNERY, *Le traité du quadrant du Maître Robert Angles*, Paris 1897, p. 23 f), enthält eine Auswahl von 20 Sternen aus der 40-Sterne-Liste, nach Tierkreiszeichen aufsteigend angeordnet (Reihenfolge: 14. 30. 15. 1. 2. 16. 5. 6. 20. 7. 8. 29. 9. 24. 38. 39. 11. 12. 27. 28), mit Beibehaltung des gleichen Längenwertes; cf. auch POULLE, *Peut-on*..., p. 312f. Erhalten in:

v) Madrid, Bib. Nac., ms 10053, s. XIII, fol. 1ᵛᵇ (MILLÁS, *Traducciones*, p. 180 ff). Hier wird allerdings in dem sonst völlig gleichlautenden Explicit nicht Wilhelm von England als Autor genannt, sondern der bekannte Hofarzt und Astronom Alfons X. von Kastilien, „Iuda filius Mosse Alchoen". Cf. MILLÁS, *Estudios*, p. 373; 449 ff. Diese Stelle gedruckt bei MILLÁS, *Traducciones*, p. 181 (hiernach wird zitiert).

w) Paris, B.N. lat. 7195, s. XV, fol. 77ᵛ (TANNERY, a.a.O. ms B); gedruckt bei TANNERY, a.a.O., p. 80 (hiernach wird zitiert). Hierauf beruht offenbar der Nachdruck bei R. T. GUNTHER, *Early Science in Oxford*, II (Oxford 1923), p. 201.

x) Leiden, Scal. 64, s. XIV, fol. 120ʳ (ZINNER, *Verz.* Nr. 10935: Toledanische Tafeln, mit drei Sternverzeichnissen; id., *Tab. Tol.*, ms U). Die Angabe der Tierkreiszeichen ist fortgelassen bei Nr. 14, 38, 39, 11 und 12.

Abschließend sei noch auf ein Verzeichnis von 24 Sternen aus dem Jahre 1316 in einem anonymen Traktat über die „neuen Quadranten" verwiesen, das vom Verfasser als Auszug aus der Tafel des Azarquiel bezeichnet wird; Längenzunahme gegenüber Ptolemäus 16° 40′ (statt für diese Epoche notwendigen 17° 40′); gedruckt POULLE, *Quadrant* p. 192 (offenbar nach ms Erfurt, Amplon. 4° 351, fol. 55); cf. die ausführliche Erörterung ebda., p. 188, 190ff. Die gleiche Tafel findet sich auch in München, Clm 588, s. XIV, fol. 121ʳ (ZINNER, *Verz.* Nr. 10217). Der Zusammenhang mit XII ist jedoch nicht sehr eng; vier Sterne sind auch aus VI übernommen.

Das arabische Verzeichnis der 37 Sterne des Azarquiel steht in

A) Paris, B.N. ar. 4824, anno 675 h = 1276/7, fol. 4ᵛ (cf. DESTOMBES, *Globes célestes et catalogues d'étoiles orientaux du Moyen-Age*, Tirage à part des „Actes du VIIIᵉ Congrès International d'Histoire des Sciences", Florenz 1956, p. 10, Nr. 11). Es gehört zum Traktat über Herstellung und Gebrauch der Saphea von Azarquiel, nach der längeren Redaktion zu 100 Kapiteln (cf. MILLÁS, *Estudios* p. 426ff). Der Text ist in verhältnismäßig schlechtem Zustand; die Koordinaten und sogar die Namen sind häufig verschrieben.

Das hebräische Verzeichnis der 35 Sterne steht in Kap. 29 des

H) Astrolabtraktats *Sefer keli neḥošet* von Abraham b. ʿEzra; gedruckt in Königsberg/Preußen 1845. Die Namen der Sterne sind hebräisch übersetzt, aber zu jedem Stern wird auch die arabische Bezeichnung, in hebräischen Lettern, gegeben.

Die Wiedergabe von XII erfolgt nach e mit Angabe der wichtigeren Varianten aus den anderen Handschriften. Aus H werden im Apparat zu A die Formen der arabischen Namen gegeben. Für die modernen Bezeichnungen der Sterne wird auf A verwiesen; die dort nicht vorhandenen Sterne werden im Apparat erklärt.

Lfd. Nr.	Lfd. Nr. A	Lfd. Nr. H	Lfd. Nr. XIII	Lfd. Nr. XIV	(Lfd. Nr. V)	Nomina stellarum fixarum	Signa	Longitudo	Latitudo
1	1	1	1	1	1	cor tauri	Tau	26° 47	— 5° 10
2	2	2	2	2	2	pes orionis	Gem	3° 57	—31° 50
3	3	3	3	3	3	alaaioc	Gem	9° 7	22° 50
4	4	4	4	4	4	humerus orionis	Gem	16° 7	—17° 0
5	5	5	5	5	5	alaabor	Cnc	1° 47	—39° 10
6	6	6	6	6	6	algomeisa	Cnc	13° 17	—16° 10
7	7	7	7	7	7	cor leonis	Leo	16° 37	0° 10
8	8	8		8	8	cauda leonis	Vir	8° 37	11° 50
9	10	10	9	10	10	alrameh .i. lanceator	Lib	11° 7	31° 30
10	9	9	8	9	9	alahzel .i. inermis	Lib	10° 47	— 2° 0
11	11	11	10	11	11	vultur cadens	Cap	1° 27	62° 0
12	27	25	11	12	16	vultur uolans	Cap	17° 0	29° 10
13	12	12	12	13	12	os piscis meridiani	Aqr	21° 7	—23° 0
14	13	13	13	14	13	capud mulieris	Ari	1° 37	26° 0
15	14	14	14	15	14	capud algol	Tau	13° 47	23° 0
16	16	16		17		humerus orionis sinister	Gem	4° 27	—17° 50
17	17	17		30		palma retinentis habenas	Gem	16° 37	20° 0

Lfd. Nr.	Lfd. Nr. A	Lfd. Nr. H	Lfd. Nr. XIII	Lfd. Nr. XIV	(Lfd. Nr. V)	Nomina stellarum fixarum	Signa	Longitudo	Latitudo
18	18	18	15	18		capud geminorum antecedens	Cnc	7° 27	9° 40
19	19	19	16	19		capud geminorum subsequens	Cnc	10° 47	6° 15
20	20	20		20		collum leonis	Leo	16° 17	8° 50
20a	15	15		16		latus leuantis caput algol	Cnc	18° 57	30° 0
21	21	21		21		alfard .i. singularis precedens	Leo	14° 7	—20° 50
22	22	(31?)		22		azubeneyn	Sco	2° 7	0° 40
23	23	(32?)		23		subsequens eius	Sco	6° 17	8° 30
24	24	22	17	24	15	cor scorpionis	Sco	26° 47	— 3° 0
25	25	23	18	25		genu sagittarii	Cap	1° 7	—18° 0
26	26	24	19	26		cauilla sagittarii	Cap	1° 52	—23° 0
27	28	26	20	27	17	cauda galline	Aqr	23° 17	60° 0
28	29	28	21	28	18	humerus equi	Psc	16° 17	31° 0
29			23	31		collum corui	Vir	28° 27	—19° 40
30	30	27	22	29	19	cor piscis septentrionale	Ari	18° 0	26° 20
31	31		24	32		cornu anath	Ari	21° 47	8° 20
32	32	29				onat terre	Tau	1° 2	28° 0
33	33	30	25			cauilla dextera	Gem	9° 47	8° 0
34	34		26			lucidum allianna	Gem	28° 47	—10° 50
35	35	33	27			capud alkau	Sgr	8° 37	36° 0
36	36	34	28			caseala equi	Aqr	19° 20	22° 50
37	37	35	29			summitas caude caitoz	Psc	19° 47	—20° 20
38			30			cauda scorpionis	Sgr	11° 37	—13° 7
39						sagitta sagittarii	Sgr	16° 28	2° 50
40			34			oculus sagittarii	Sgr	25° 58	0° 42

Anmerkungen

Überschrift: h: Tabula locorum stellarum fixarum in longitudine et latitudine kp: Tabula de longitudine et latitudine stellarum fixarum l: Tabula longitudinis et latitudinis stellarum fixarum m: Tabula locorum stellarum fixarum in longitudine et latitudine cum motu octaue spere verificata anno arabum .400.mo tempore azarchelis ut quidam dicunt. et add(it) super loca earum in almagesti in longitudine .14. $\bar{g}$ et .7. $\bar{m}$ n: Tabula stellarum fixarum et earum latitudinum ab ecliptica. et sunt ibi gradus cum quibus mediant celum o: Tabula stellarum fixarum posita in tabulis toletanis arzachelis q: διάστασις κατὰ μῆκος καὶ πλάτος ἀστέρων πρὸς τὸν ἰσημερινόν su: Tabula stellarum fixarum secundum sententiam modernorum (cf. VII e, VIII n) vwx: Tabula stellarum fixarum secundum arzachelem (x: azarchelem).

1: Länge bcvx: 26° 17, s: 17° 47, u: 23° 47 Breite: s: —6° 10 n: cor tauri. aldebaran. uespa (leg. uespera) q: καρδία ταύρου (cf. oben S. 8, Anm. 12c).

2: Breite Ptolemäus: —31° 30 (so in m), a: —25° 50, i: 31° 50, x: —31° 10 o:

Glosse falsch humerus dexter orionis q: $πο\grave{v}ς$ $ὠρίωνος$, (Zeichen und Längengrad ausgelassen) x: pes orionis sinister.

3: Breite Ptolemäus: 22° 30 (so in m) i: alandis, Breite 23° 50 lop: alaac n: alaioch .i. bellator (die Glosse gehört z u Nr. 4, Orion) q: kein Name, am Rande lateinisch: alaich t: Breite XVII (statt XXII).

4: a: Breite —17° 50 k: Name nur: Orionis mst: humerus orionis dexter n: humerus orionis dexter. algeuze, Länge 13° 7 o: Glosse falsch bellat(ri)x humerus sinister orionis q: kein Name, am Rande lateinisch humerus orinis.

5: a: Breite —39° 0 hr: halahabor q: $καρδία$ $λέοντος$ (hier falsch), dazu am Rande lateinisch alahabor stu: Glosse filius inues (tu: iuuens), Verlesung aus einer Abkürzung von „sirius meridionalis" vx: Länge 1° 17.

6: k: algomen o: algamam p: algoman q: $οὐρὰ$ $λέοντος$ (hier falsch), dazu am Rande lateinisch algomeissa s: algomeisa .i. filius montis (falsch gelesen aus einer Abkürzung von „sirius septentrionalis") t: algomeissa .i. filius mortuus (cf. s), Breite —XVI°XL u (Glosse): filius mortuus (cf. ts).

7: d: Breite +, falsch geändert in — g: Breite — n: Länge 16° 27 q: $καρδία$ $λέοντος$ (hier richtig, cf. Nr. 5) r: cor leonis, darübergeschrieben algeba, wahrscheinlich aus arab. *al-ǧabha* „die Stirn", die 10. Mondstation, gebildet von $ζγηα$ Leo, in derartigen Sternverzeichnissen sonst nicht vorkommend (cf. III 22, Anm.) w: TANNERY falsch: $β$ Leo

8: i: Breite — q: $οὐρὰ$ $λέοντος$ (hier richtig, cf. Nr. 6) s: Länge 7° 37 v: Zeichen Leo (Vir eine Zeile zu tief angesetzt) w: Länge Vir 13° 37, TANNERY falsch a Leo x: Länge Leo 4° 37.

9: e: Länge falsch 21° 7, Breite falsch 21° 30 a: alramech iaculum, Breite 21° 0 dg: Länge 21° 7, Breite —21° 30 fhilopq: Länge 21° 7, Breite 21° 30 k: Länge 12° 7, Breite 21° 30 l: alrameka n: aramech. archophylax boetes, die zugehörigen Koordinaten in der folgenden Zeile, Länge 21° 7 q: kein Name, am Rand lateinisch alrameth .i. lanseator s: Länge 11° 27 x: Zeichen Vir.

10: c: alacerel d: Breite + g: assaharch (auf dem Foto nicht genau erkennbar), Breite + h: alachireb i: Glosse meruus (aus inermis) lp: Name lanceator (lateinisch von Nr. 9) n: alahazel .i. in hermis. lancea mercurij o: wie l, aber Glosse richtig azymech spica super palmam; eigentlicher Name von Nr. 10 (hier mit den Koordinaten von Nr. 11): alachei ·q: kein Name, am Rande lateinisch alaesel inerim s: Länge 10° 27.

11: a: Breite 62° 10 b: Länge 1° 37 q: kein Name, am Rande lateinisch vultur cadens s: Länge 1° 58 vx: Länge 1° 26.

12: Länge gemäß Ptolemäus zu erwarten Cap 17° 57 (cf. auch POULLE, *Quadrant* p. 191), so nur in m a: Breite 29°0 c: Länge 17°7 i: Breite — n: vultur uolans. altayr. in aquila uel telo (cf. XI 23) q: kein Name, am Rande lateinisch vultur uolans s: Länge 17° 67 (sic) vx: Breite 24° 0 w: Breite 34° 0.

13: Breite schwankt bereits in der Almagestüberlieferung zwischen richtigem —20° 20 $(κγ')$ und —23° 0 $(κγ)$ m: Größe ausgelassen q: ... $νοτίου$ $ἰχθύος$ (erstes Wort unleserlich, aber nicht $στόμα$) s: Länge 21° 0.

14: Länge gemäß Ptolemäus zu erwarten Ari 1° 57 (so in m), cf. dabei jedoch abweichende Almagestüberlieferung ms Brit. Mus. 7475 (arabisch): Psc 17° 30 Name aus arab. *ra's al-mar'a* „Kopf der Frau" (= Andromeda), a And = $δ$ Peg gilop: Breite 36°0 l: Länge 1°47 o: in der Glosse falsch auf Delphin bezogen, Zeichen Aqr statt Ari q: $κεφαλὴ$ $γυναικός$ x: Zeichen nicht angegeben.

15: a: Breite 23° 50 l: capud algor, Länge 13° 37 n: Breite 33° 0 q: unter der Tafel lateinisch cap(ut) algol s: capud argolis et gorgonis, Breite 28° 0 v: Länge 13° 17 x: Länge Ari 13° 17.

16: Länge gemäß Ptolemäus zu erwarten Gem 8° 7; cf. jedoch abweichende Almagestüberlieferung ms Laur. 45 (Gerhard von Cremona), ms Brit. Mus.

Sloane 2795 (Gerhard von Cremona) und ms Brit. Mus. 7475 (arab.): Tau 20° 20 Breite bei Ptolemäus —17° 30 (so in m) ac: Breite —27° 0 i: humerus scorpionis sinister (sic, Verlesung des Wortes orionis in der Vorlage) m: Länge 4° 27, am Rande Korrektur: alius 8 s: Breite —47° L vx: Breite —16° 50.

17: Länge gemäß Ptolemäus zu erwarten Gem 16° 57 (so in m) Ptolemäus: rechte Schulter (in m am Rande Korrektur: humerus dexter) a: Breite 20° 40 d: (ZINNER nicht erkannt: „palina?"; die in *Sternnamen* p. 180, Nr. 2 geäußerte Annahme entfällt hiermit) i: das Wort habenas ist als eigener Name in die nächste Zeile gesetzt (MILLÁS nicht erkannt: „Habeuas?"), die drei folgenden Namen entsprechend eine Zeile tiefer; ab Nr. 21 wieder normale Reihenfolge.

18: a: Breite 9° 15 klop: cor geminorum antecedens o: Glosse razd aliouze caput geminorum s: hier beginnt die Verschiebung der Minutenangaben in den Breiten.

19: k: cor geminorum subsequens n: Länge 10° 27 o: Glosse razd algenze.

20: Breite bei Ptolemäus 8° 30 h: Länge 6° 17 o: keine identifizierende Glosse v: Länge 16° 47 x: Länge Cnc 16° 47.

20a: Aus m; h: latus leuantis, Tau 9°0, + 30°0 m (am Rande): .i. persei. Der Einschub stimmt zusammen mit der arabischen Vorlage (A 15, H 15).

21: Breite bei Ptolemäus —20° 30 (Überlieferungsfehler für —23° 0) d: alfard .i. singularis (ZINNER „Alfardi") h: caput galalfrad, Länge 14° 0, Breite —20° 0 k: alfraba lop: alfrab m: Breite 20° 30, am Rande: et est in recuruacione colli ydre n: alfard .i. singularis equs r: alafarcadam .i. singularis.

22: a: p. alibenein c: p. azvbe benevn d: p. azubein (ZINNER „arubem"; cf. *Sternnamen* p. 102, Nr. 4) g: p. azulein h: Länge 2° 0, Breite 0° 0 k: p. cubenen l: p. atuben o: Glosse razd alague (falsch, = α Oph) p: p. arcuben r: p. açubenarum s: Länge 2° 8.

23: Breite Ptolemäus 8° 50 h: Länge 6° 0, Breite 8° 0 n: Länge 7° 17 s: Länge 7° 7.

23a: Einschub in n: benenaz .i. plaustrum, Lib 18° 0, + 74° 0 (cf. XI 16).

24: Breite Ptolemäus —4° 0 (so in mr) ac: Cap (statt Sco) q: Sgr (statt Sco) s: Länge 16° 17 vx: Länge 26° 43.

25: i: gemma sagittarii n: Breite —10° 5 p: Breite —16° 0 s: Länge 1° 28.

26: Länge gemäß Ptolemäus zu erwarten Cap 1° 47 (so in m) gmr: an der richtigen Stelle ausgelassen, am Ende nachgetragen r: cauda sagittarii, Breite —30° 0 s: Länge 1° 7.

27: m: Breite 68° 0 n: Breite: 20° 0 s: Länge 23° 20.

28: k: crus equi, Verlesung aus humerus in der Vorlage o: Glosse scheat alpheraz crus equi (nach der Terminologie bei Johann von Gmunden) s: Länge 16° 7.

29: Name aus arab. 'unq al-ǧurāb „Hals des Raben", ε Crv n: collum corui in centauro. algurab (cf. XI 14), Länge 20° 27, Breite —12° 10 s: Länge 23° 27, Breite —19° L v: Länge 16° 26, Breite —17° 40 x: Länge 16° 26, Breite —17° 50.

30: Länge gemäß Ptolemäus zu erwarten Tau 17° 57 k: corus arietis (Teil des Namens von Nr. 31) s: Länge 14° 0 vx: Breite 27° 20.

31: a nur: septentrionale cornu b: s. onat c: Name fehlt f: s. anach g: s. cor fmahath h: s.c. anach, Breite 8° 28 i: s.c. alnath k: almach (cf. oben Nr. 30) l: c. almath m: septentrionalis... (die Abkürzung des zweiten Wortes unleserlich) n: Länge 21° 27 o: in der Glosse falsch mit menkar gleichgesetzt; Länge 31° 47 (sic) r: septentrionalis anathoh s: septentrionaleonath (sic), Länge 21° 17 t: s. onach u: s. onad, Länge XXI°XVII.

32: Länge gemäß Ptolemäus zu erwarten Tau 0° 57 Name aus arab. 'anāq al-arḍ „Wüstenluchs", wörtlich „Erdziege", γ And ab: onach terre c: oriac t're d: onat t're (cf. *Sternnamen* p. 105, Nr. 11) fr: onac t're g: onat terre h: onatire i: hon'at t're k: oncle t're l: onatre m: anathre n: onath t're o: anatire, in

der Glosse falsch mit menkar (a Cet) gleichgesetzt (cf. bereits Nr. 31) p: anaore
s: epaconaccure, Länge 1° 22   t: onach t're   u: epacor nacture.

33: l: cauillaceatui   n: Länge 9° 17   o: gauillaceat'   p: gauillus create   r: cauilla
    dextra anna (das letzte Wort Rest einer Wiedergabe des arabischen Namens
    von Aur, vielleicht *al-'annāz* „Ziegenhirt"?) s: Länge 9° 57.

34: Der Name aus arab. *nayyir* (bzw. *munīr*) *al-han'a* „der Helle von al-han'a";
    al-han'a ist die 6. Mondstation, bestehend aus $\gamma\xi$ Gem; von diesen beiden ist γ
    der hellere, so daß der Name γ Gem bezeichnet. Die Koordinaten dagegen
    gehören zu dem schwächeren Stern ξ Gem (hier nach Ptolemäus zu erwarten
    Breite —10° 30). Die Differenz ist wahrscheinlich so zu erklären, daß der Autor
    der Tafel eine korrupte Almagestausgabe benutzte, bei der der Wert von ξ Gem
    um eine Zeile nach oben, zu γ Gem, verschoben war ac: l. alahan b: l. alahana
    d: allianno (cf. *Sternnamen* p. 121, Nr. 28) f: l. alahanna g: l. alunano h: lucrum
    i: l. allinano, Zeichen Sgr (statt Gem) k: lucida aliarum l: l. alianna m: l. alius
    ianno; Größe 3 (γ Gem) n: l. aliantha, Länge 20° 17 o: l. aliama p: luciph(er)
    alunni (die sieben nebeneinander stehenden senkrechten Striche des letzten
    Wortes erlauben auch jede andere Kombination von i–u–n–m) r: lucida halah
    s: ablahana lucidus uel canis, Länge 18° 57   t: alaharana lucidum uel canis
    u: halaharana lucidus uel canis.

35: Länge gemäß Ptolemäus zu erwarten Sgr 8° 57 ac: c. alay b: c. alhav f: c.
    alhay g: c. alchan h: c. alfiran i: c. alsia', Zeichen Aqr (statt Sgr) kop: c.
    albau k: Länge 0° 37 l: c. alcan m: c. alkan .i. serpentarij n: caup[ud] alkau
    r: capud halah (cf. Nr. 34) s: c. alnayn t: c. alhai.

36: Länge gemäß Ptolemäus zu erwarten Aqr 19° 27, Breite 22° 30 a: Name fort-
    gelassen bstu: cageala equi dg: cagealaei (cf. *Sternnamen* p. 163, Nr. 98; die
    dort geäußerte Vermutung ist hiermit hinfällig) f: cageula equi h: cauda equi
    i: Psc (statt Aqr) k: galiale equi l: galeale equi m: cauda equi alius cauilla
    equi n: cagealla equi o: galleale equi, Glosse richtig enif alferaz musida equi,
    Breite 22° 20 p: gascale equi q: Länge 19° 29 r: ala equi, darüber: .i. cage
    s: Länge 19° 52.

37: a: Name fortgelassen c: summitas caude f: s. c. caicoc g: s. caduce cartoz h:
    summitas i: s. caduarum k: s. cancri m: cauda caitoz o: sumitas cautos, Glosse
    falsch fomahant (= a PsA) r: cauda caithot s: Länge 19° 17.

38: λ Sco Breite nach Ptolemäus —13° 20 (so in m) p: Breite —12° 7 v: Sco (statt
    Sgr) x: Zeichen fortgelassen vx: Länge 11° 47, Breite —16° 7.

39: $\mu^{1,2}$ Sgr (POULLE, *Raymond* p. 888 identifiziert γ Sgr; dem Namen nach wäre
    das ebenfalls möglich, jedoch paßt die Breite nach Ptolemäus genau zu $\mu^{1,2}$
    und nicht zu γ; die Länge trifft weder bei $\mu^{1,2}$ noch bei γ genau zu) Länge
    gemäß Ptolemäus zu erwarten Sgr 20° 47 m: Größe 3 (Ptolemäus 4) n: Länge
    16° 20 o: sagitta sagittans p: sagittarius q: Länge 26° 28 s: Länge 16° 37
    vx: Länge 16° 40 w: Breite 11° 50 x: Zeichen fortgelassen.

40: $\nu^{1,2}$ Sgr Länge gemäß Ptolemäus zu erwarten Sgr 29° 17 (so in m), Breite
    0° 45 (so in m) m (in der Größenkolumne): nebulosa o: mullus sagitta p:
    mullus sagittarius q: Breite 0° 22 s: Länge 25° 27.

A

Lfd. Nr.	Namen der Sterne	Zeichen	Länge	Breite	Mod. Bez.
1	*ad-dabarān*	Tau	27° 39	— 5° 10	α Tau
2	*riǧl al-ǧabbār*	Gem	4° 10	—31° 30	β Ori
3	*al-ʿayyūq*	Gem	9° 20	22° 30	α Aur
4	*mankib al-ǧabbār*	Gem	16° 20	—17° 0	α Ori
5	*aš-šiʿrā al-ʿabūr*	Cnc	1° 31	—39° 10	α CMa
6	*al-ǧumayṣāʾ*	Cnc	13° 35	—16° 10	α CMi
7	*qalb al-asad*	Leo	16° 52	0° 10	α Leo
8	*aṣ-ṣarfa*	Vir	8° 12	11° 4	β Leo
9	*al-aʿzal*	Lib	11° 3	— 2° 31	α Vir
10	*ar-rāmiḥ*	Lib	11° 22	31° 30	α Boo
11	*an-nasr al-wāqiʿ*	Cap	1° 43	42° 31	α Lyr
12	*fam al-ḥūt al-ǧanūbī*	Aqr	21° 22	—23° 0	α PsA
13	*raʾs al-marʾa*	Ari	1° 50	26° 0	α And = δ Peg
14	*raʾs al-ġūl*	Tau	14° 31	23° 23	β Per
15	*ǧanb ḥāmil raʾs al-ġūl*	Tau	19° 15	30° 31	α Per
16	*mankib al-ǧabbār al-aysar*	Gem	4° 40	—17° 30	γ Ori
17	*kaff mumsik al-ʿinān alladī*	Gem	16° 50	20° 0	β Aur
18	*raʾs at-tawʾam al-muqaddam*	Cnc	50° 40	9° 40	α Gem
19	*raʾs at-tawʾam al-muʾaḫḫar*	Cnc	11° 2	6° 59	β Gem
20	*an-nayyir alladī fī ʿunq al-asad*	Leo	16° 32	8° 4	γ Leo
21	*al-fard min ʿunq aš-šuǧāʿ*	Leo	14° 20	— 9° 30	α Hya
22	*muqaddam az-zubānayn*	Sco	2° 20	0° 40	α Lib
23	*al-muʾaḫḫar minhumā*	Sco	6° 35	8° 30	β Lib
24	*qalb al-ʿaqrab*	Sco	27° 2	— 3° 0	α Sco
25	*rukbat ar-rāmī al-yusrā*	Cap	1° 22	—18° 0	α Sgr
26	*ʿurqūb ar-rāmī al-aysar*	Cap	2° 8	—23° 0	β Sgr
27	*an-nasr aṭ-ṭāʾir*	Cap	17° 15	29° 10	α Aql
28	*danab ad-daǧāǧa*	Aqr	23° 30	60° 0	α Cyg
29	*al-aʿlā min al-farǧ wa-huwa mankib al-faras*	Psc	16° 33	31° 0	β Peg
30	*wark al-marʾa wa-huwa danab al-ḥūt*	Ari	18° 15	27° 20	β And
31	*aṭ-ṭānī min an-naṭḥ*	Ari	22° 0	8° 20	β Ari
32	*riǧl al-marʾa al-yusrā wa-huwa ʿanāq al-arḍ*	Tau	1° 15	23° 0	γ And
33	*al-ʿurqūb al-aysar min mumsik al-ʿinān*	Gem	10° 3	5° 0	γ Aur = β Tau
34	*munīr al-haqʿa*	Gem	29° 3	10° 30	ξ/γ Gem
35	*raʾs al-ḥawwāʾ*	Sgr	8° 12	36° 0	α Oph
36	*ǧaḫfalat al-faras*	Aqr	19° 40	50° 30	ε Peg
37	*ṭaraf danab qayṭus*	Psc	20° 2	—20° 20	β Cet

Anmerkungen

1: H 1: אלדבראן = *ad-dabarān*.

2: „Fuß des Gewaltigen" (= Orion) H 2: אלגוזא = (*riǧl*) *al-ǧawzā'*.

3: H 3: אלעיוק = *al-'ayyūq*.

4: „Schulter des Gewaltigen" (= Orion) H 4: מנכב אלגיבאר = *mankib al-ǧabbār*.

5: Länge: 31' (*l'*) wahrscheinlich Korruption aus dem Zeichen für 0; die Gradzahl ' (1°) statt *b* (2°); das entspräche dem hier häufigen Längenwert Ptolemäus + 14° 20   H 5: אלשערי אלעבור = *aš-ši'rā al-'abūr*.

6: H 6: אלשערי אלנמיצא = *aš-ši'rā al-ǧumayṣā'*.

7: „Herz des Löwen"   H 7: קלב אלעסד = *qalb al-asad*.

8: „der [Wetter-]Wechsel" Länge: ms unpunktiert *yb* (12') statt *nb* (52'), dies entspräche dem hier häufigen Längenwert Ptolemäus + 14° 22   Breite: *d* (4'), Korruption aus *n* (50')   H 8: אלצרפא = *aṣ-ṣarfa*.

9: „der unbewaffnete (simāk)" Breite: *l'* (31') Korruption aus dem Zeichen für 0   H 9: אלסמעק אלעזאל = *as-simāk al-a'zal*.

10: „der lanzenbewaffnete (simāk)"   H 10: arabischer Name nicht genannt; hebr.: הגבור בעל רומח.

11: „der fallende Adler" Breite: *mb* (42°) Korruption aus *'b* (62°), 31' (*l'*) Korruption aus dem Zeichen für 0   H 11: אלאנסר אלאקע = *an-nasr al-wāqi'*.

12: „Maul des Südlichen Fisches" H 12: פום אלחות = *fam al-ḥūt*.

13: „Kopf der Frau" (= Andromeda) H 13: ראס אלמראה = *ra's al-mar'a*.

14: „Kopf der ǧūl" (= γοργόνιον) Länge: 31' (*l'*) Korruption aus dem Zeichen für 0; der richtige Wert (14° 0) entspricht dem hier häufigen Längenwert Ptolemäus + 14° 20   H 14: ראסאלגיל = *ra's al-ǧūl*.

15: „Seite des Trägers des Medusenhauptes" Breite: 31' (*l'*) Korruption aus dem Zeichen für 0   H 15: חמאל ראם אלגיל = (*ǧanb*) *ḥāmil ra's al-ǧūl*.

16: „Linke Schulter des Gewaltigen" (= Orion) H 16: מנכבאלגיבאר אלאסר = *mankib al-ǧabbār al-aysar*.

17: „Hand des Zügelhalters"; *kaff* „Hand" ist hier Korruption aus *katif* „Schulter", gemäß der ptolemäischen Definition im Almagest; *alladī* (sic, wahrscheinlich Korruption aus *al-yumnā* „die rechte", Attribut zu *katif*) H 17: ממסך אלענאן = (*katif*) *mumsik al-'inān*; hebr. כתף עצר תרסן leg. ספף עצר הרסן.

18: „Kopf des vorderen Zwillings" Länge: 50° (*n*) Korruption aus *z* (7°); dieser Wert entspricht dem hier häufigen Längenwert Ptolemäus + 14° 20   Breite: bei den Minuten versehentlich der Wert der Grade wiederholt, statt 0 zu setzen H 18: ראם אלתאום אלמוסר = *ra's at-taw'am al-muqaddam*.

19: „Kopf des hinteren Zwillings" Breite: 59' (*nṭ*) Korruption aus *yh* (15')   H 19: ראם אלתאום אלמוסר = *ra's at-taw'am al-mu'aḫḫar*.

20: „der Helle am Hals des Löwen" Breite: 4' (*d*) Korruption aus *n* (50')   H 20: אלמאר אלדנבי ענקל, entspricht A; hebr.: המאיר בצואר האריה.

21: „der Einzelne, am Hals der Hydra" Breite: 9° (*ṭ*) Korruption aus *k* (20°)   H 21: אלדנבי ענקל אלשעע, soll A entsprechen ('*unq aš-šuǧā*'); hebr.: האדום שהוא בצואר האריה.

22: „die vordere der beiden Scheren (des Skorpions)" Wahrscheinlich H 31: hebr. הנקודה משתי הנקודות, Zeichen Sco; arabischer Name fehlt.

23: „die hintere davon" Wahrscheinlich H 32: המאוחר, Zeichen Sco; arabischer Name fehlt.

24: „Herz des Skorpions" H 22: קלב אל עקראב = *qalb al-'aqrab*.

25: „das linke Knie des Schützen" H 23: רכב אלדעם אליסר = *rukbat ar-rāmī al-yusrā*.

26: „die rechte Achillessehne des Schützen" H 24: ארקוב אלדאמי = *'urqūb ar-rāmī*.

27: „der fliegende Adler" H 25: אלנסראלטאור = *an-nasr aṭ-ṭā'ir*.

28: „Schwanz der Henne" Breite: ms ausnahmsweise nach maghrebinischer Art ṣ

(60°); sonst folgt der Schreiber dem ostarabischen Abǧad-System (cf. ähnlich I A 18) H 26: על טזינא und זנביא = *danab ad-daǧāǧa*.

29: ,,der obere vom [vorderen] Ausguß, d. i. die Schulter des Pferdes"; der ,,vordere Ausguß" ist die 26. Mondstation, bestehend aus βa Peg H 28: מנכב אלפרס = *mankib al-faras*.

30: ,,Hüfte der Frau, d. i. Schwanz des Fisches"; *wark* ,,Hüfte" vielleicht aus einer arabischen Almagestversion, sonst gemäß der ptolemäischen Definition als *mi'zar* ,,Schurz" bekannt; in der arabischen Astrolabüberlieferung auch *ǧanb al-musalsala* ,,Seite der Angeketteten". Der altarabische Name dieses Sterns, der gleichzeitig die 28. Mondstation bildet, ist bekannt als *baṭn al-ḥūt* ,,Bauch des Fisches" und *qalb al-ḥūt* ,,Herz des Fisches", *danab al-ḥūt* ist eine Korruption hieraus Breite: *kz* (27°) statt richtigem *kw* (26°) H 27: קלבאלחות = *qalb al-ḥūt*.

31: ,,der zweite von an-naṭḫ"; *an-naṭḫ* bildet die erste Mondstation, bestehend aus βγ Ari Fehlt in H.

32: ,,der linke Fuß der Frau [= Andromeda], d. i. der Wüstenluchs" Breite: *kǧ* (23°) statt richtigem *kh* (28°) H 29: רגל אלמראה אליסרי = *riǧl al-mar'a al-yusrā*.

33: ,,die linke Achillessehne, vom Fuhrmann" *al-aysar*: stattdessen ist mit Ptolemäus zu lesen *al-ayman* ,,die rechte" H 30: ערקוב אלנטא = *'urqūb* ... (Rest korrupt), hebräisch auch falsch: קרסול התאום.

34: ,,der Helle von al-haq'a" *al-haq'a* (so punktiert) ist falsch; zu lesen *al-hun'a*, Name der 6. Mondstation, bestehend aus γξ Gem; cf. oben zu XII 34 Fehlt in H.

35: ,,Kopf des Schlangenträgers" H 33: ראס אלקאוד = *ra's al-ḥawwā'* (bzw. *al-ḥāwī*).

36: ,,Lippe des Pferdes" Breite: *n* (50°) schwer als Schreibfehler aus *kb* (22°) zu erklären H 34: arabischer Name fortgelassen, hebr.: צוואר הסוס.

37: ,,Ende vom Schwanz des Walfisches" (ms *qnṭwrs* = κένταυρος statt *qyṭ[w]s* = κῆτος) H 35: arabischer Name fortgelassen, hebr.: קצה זנב כוכב קיטום.

TYP XIII

Das zweite der beiden im Rahmen der „Toledanischen Tafeln" überlieferten Sternverzeichnisse enthält 35 Sterne mit Ekliptik- und Äquatorkoordinaten. Die Längenwerte weisen eine unregelmäßige Zunahme gegenüber Ptolemäus auf: in vierzehn Fällen + 14° 55', in elf Fällen + 15° 7' (d. h. 1° mehr als in XII). In der Überschrift wird als Epoche das Jahr 577 der Hiǧra (1181/2) angegeben[1]. Die Textüberlieferung von XIII ist relativ gut; die sehr schwer zu kopierende Tafel dürfte die Schreiber zu besonderer Sorgfalt gezwungen haben.

Anordnung und Aufbau der Tafel, die Form der Namen und die Formulierungen der lateinischen Übersetzungen der Namen sprechen dafür, daß wir es hier mit einer eigenen, von XII unabhängigen Übersetzung zu tun haben. Von den 35 Sternen stimmen 29 mit XII A überein; diese Übereinstimmung sowohl in der Auswahl der Sterne wie auch in der Anordnung und in den Namen kann nicht zufällig sein. Als Vorlage wird man also eine andere arabische Fassung des arzachelischen Sternverzeichnisses annehmen müssen, dessen Längen der späteren Epoche entsprechend weitergerechnet waren. Ob das im Rahmen der „Toledanischen Tafeln" geschah oder in einem anderen Zusammenhang, läßt sich natürlich nicht sagen. Die Angabe kleinster Minutenwerte scheint ein Charakteristikum arabischer Tafeln zu sein; die lateinischen begnügen sich, in der Nachfolge des Ptolemäus, im allgemeinen mit größeren Einheiten von halben, Drittel- oder Viertelminuten, die das Äußerste an Genauigkeit darstellen, was sich mit mittelalterlichen Beobachtungsinstrumenten erreichen ließ. Die durchgehende Zählung von Mediationen (1° bis 360°) ist auch zuerst aus Tafeln der spanisch-arabischen Astronomenschule bekannt geworden (cf. oben I A, Maslama).

Das arzachelische Verzeichnis wird natürlich auch innerhalb der arabischen Überlieferung solche Veränderungen erlebt haben, wie sie sich im Laufe einer handschriftlichen Tradition ergeben. Unsere Tafel XIII gibt also offenbar das Bild des arzachelischen Verzeichnisses, wie es zur Zeit dieser Epoche, also etwa hundert Jahre nach der Abfassung durch Azarquiel, vorlag.

Die Anordnung läßt das gleiche Prinzip erkennen, das auch in XII

---

[1] KNOBEL, *Chronology* p. 22, Nr. 13 führt die 35-Sterne-Liste als Verzeichnis des Azarquiel mit auf. Er gibt als Epoche an 1121. Als Quelle nennt er zwei Handschriften: Brit. Mus., Harleian 13 und dto. 3647.

befolgt ist: die Sterne sind nach drei Größenklassen, und innerhalb jeder Größenklasse nach Tierkreiszeichen aufsteigend geordnet. Hier schließt sich indes eine vierte[2] Gruppe an: die letzten sechs Positionen umfassen nämlich Sterne, die Ptolemäus im Almagest als νεφελοειδής „neblig" bezeichnet. In XII A war keiner davon aufgeführt; XII wies einen auf (XII 40, $\nu^{1,2}$ Sgr), eventuell ist auch XII 38, λ Sco, hierherzurechnen (cf. unten die Anmerkung zu Nr. 30). Dieser Anhang muß bereits in der arabischen Überlieferung entstanden sein, da der Autor der lateinischen Tafel schwerlich die arabischen Namen sowie auch die Koordinaten im Rahmen des vorgegebenen Systems von sich aus hätte beibringen können.

Die Tafel ist bereits einmal ediert worden (HARRIS, cf. ms o); eine weitere Edition findet sich bei G. TOOMER[3].

Folgende Stellen wurden benutzt:

a) Basel, Universitätsbibliothek, ms O. II. 7, anno 1291–92, fol. 161^v (ZINNER, Tab. Tol., ms L). Das älteste vorliegende Manuskript.

b) Paris, B.N. lat. 16211, s. XIII–XIV, fol. 93^r (POULLE, Peut-on... p. 310). In der Namenkolumne ist der Name von Nr. 15 ausgefallen, alle folgenden bis einschl. Nr. 30 entsprechend um eine Zeile nach oben verschoben, ab Nr. 31 wieder normal. Die Kolumne der lateinischen Übersetzungen der Namen fehlt.

c) Darmstadt, ms 765, s. XIV, fol. 137^v (ZINNER, Verz. Nr. 10996; verschieden von der Stelle ms C bei ZINNER, Tab. Tol. [cf. diese hier XII b]). Die Kolumne mit den lateinischen Übersetzungen der arabischen Namen fehlt.

d) Madrid, Bib. Nac., ms 3349, s. XIV, fol. 8^v (MILLÁS, Estudios p. 402 ff: Portugiesische Version aus der 1307 entstandenen lateinischen Übersetzung „Almanaque de Tortosa" des arabischen Textes des „Almanaque de Azarquiel"). Die Kolumne mit den lateinischen Übersetzungen der arabischen Namen fehlt.

e) Paris, B.N. lat. 7421, fol. 203^r (MILLÁS, Estudios p. 61, 69). Die lateinischen Übersetzungen sind jeweils in der gleichen Zeile über die arabischen Namen geschrieben.

f) Erfurt, Amplon. 4° 369, s. XIV, fol. 50^r (ZINNER, Verz. Nr. 10201; id., Tab. Tol., ms Y). Die Kolumne der lateinischen Übersetzungen fehlt. In den Tierkreiszeichen ist bei Nr. 12 Aqr ausgefallen, die folgenden vier um eine Zeile höher gerückt, zu Nr. 16 Vir eingeschoben; ab Nr. 17 wieder normal.

g) Erfurt, Amplon. 4° 366, s. XIV, fol. 50^{r-v} (ZINNER, Verz. Nr. 10202; id., Tab. Tol., p. 761). Die Kolumne der lateinischen Übersetzungen steht vor derjenigen der arabischen Namen.

h) München, Clm 26667, s. XIV, fol. 48^r (ZINNER, Verz. Nr. 10203: Sterne, für 1174?). Die lateinischen Übersetzungen jeweils über die arabischen Namen geschrieben, wie auch in e. Die zwei Sterne Nr. 19 und 35 sind fortgelassen.

i) München, Clm 83, s. XV, fol. 45^v (ZINNER, Verz. Nr. 10206; id., Tab. Tol., ms AI). Sehr enge Verwandtschaft zu h: die lateinischen Übersetzungen

---

[2] HARRIS, a. a. O. p. 186 f, nimmt unnötigerweise sogar sieben Ordnungsgruppen an.
[3] „Survey of the Toledan Tables", Osiris XV, p. 1–170, besonders p. 119 ff., Tabelle 82 a. Die Wiedergabe hier folgt dem Druck von HARRIS.

jeweils über die arabischen Namen geschrieben, Stern Nr. 19 und 35 sind fortgelassen.

k) Nürnberg, Cent V 64, s. XIV–XV, fol. 158ᵛ (ZINNER, *Verz.* Nr. 10941; id., *Tab. Tol.*, ms AA). Die lateinischen Übersetzungen sind jeweils über die arabischen Namen geschrieben (wie ehi). Unordnung in den Tierkreiszeichen: Cnc von Nr. 16 ausgefallen, stattdessen die folgenden um eine Zeile höher gerückt (und über Sco, in der Zeile von Nr. 16, die Korrektur Cnc); im weiteren noch statt Cap (von Nr. 19) Aqr; die letzte Position infolgedessen ohne Angabe des Zeichens.

l) Wien, ms 5311, s. XIV–XV, fol. 131ʳ (ZINNER, *Verz.* Nr. 10205). Hier sind in einer eigenen Kolumne auch die Größen angegeben.

m) Paris, B.N. lat. 7336, anno 1464–70, fol. 292ᵛ (MILLÁS, *Estudios* p. 61, 69; ZINNER, *Tab. Tol.*, ms AY; POULLE, *Peut-on...* p. 310). Die lateinischen Übersetzungen sind jeweils über die arabischen Namen geschrieben.

n) Escorial, ms O. II. 10, fol. 199ᵛ (MILLÁS, *Estudios* p. 61, 69; ZINNER, *Tab. Tol.*, ms AU). Die lateinischen Übersetzungen fehlen.

o) Nach einer Handschrift aus dem Besitz der Royal Astronomical Society (s. XIV) abgedruckt von R. HARRIS in Mem. Roy. Astron. Soc. XV (1846), p. 186ff; cf. ZINNER, *Tab. Tol.*, ms AT. Neuerdings nachgedruckt von G. TOOMER (cf. Anm. 3).

p) Diese Tafel wurde von ANDALO DI NEGRO (14. Jahrhundert) in seinen Astrolabtraktat übernommen. Er behielt dreißig Sterne bei und ordnete sie nach Tierkreiszeichen aufsteigend an (Reihenfolge: 13. 22. 24. 1. 14. 2. 3. 4. 25. 26. 32. 6. 15. 16. 33. 5. 23. 35. 8. 9. 30. 10. 11. 34. 12. 20. 28. 31. 21. 29); von den Koordinaten übernahm er nur die Deklination („pars declinationum") und die Mediation („hic mediant celum"); die lateinischen Übersetzungen der Namen sind weggelassen. Paris, B.N. lat. 10266, anno 1486, fol. 28ʳ (POULLE, *Peut-on...* p. 315).

q) Eine andere Auswahl von nur 12 Sternen (Reihenfolge: 13. 1. 3. 5. 7. 23. 8. 17. 27. 10. 12. 29) wurde in zwei Abhandlungen über den „neuen Quadranten" übernommen: ms Paris B.N. lat. 7437, fol. 163ᵛ (Profatius, Quadrant, Redaktion von 1290) und ebda. fol. 167ʳ (id., Redaktion von 1324); gedruckt und besprochen bei POULLE, *Quadrant* p. 188f. Sie enthält, wie p, ebenfalls nur Mediation und Deklination.

Die Wiedergabe erfolgt nach a mit Varianten aus den anderen Handschriften. Für die Etymologien der arabischen Namen und die modernen Bezeichnungen der Sterne kann auf das arabische Verzeichnis XII A verwiesen werden.

Tabula stellarum fixarum et earum latitudinum ab ecliptica. et declinacionum ab equinoctio. et graduum cum quo celum mediant. anno arabum .577. uerificata.

Lfd. Nr.	Lfd. Nr. XIIA	Nomina stellarum fixarum	Ymagines earum	Nomina signorum	longitudo	latitudo	Declinacio ab equinoctio	Gradus cum quo celum mediant
1	1	aldebaran	.i. uesp[er]a oculus uel cor tauri	Tau	27° 47	− 5° 10	14° 41	56° 24
2	2	rigil algebar	in pede orionis	Gem	4° 57	−31° 50	−10° 10	64° 49
3	3	alhaioth	in humero agitatoris	Gem	10° 7	22° 50	44° 34	63° 28
4	4	mankib algebar	in humero orionis	Gem	16° 57	−17° 0	5° 59	78° 30
5	5	ascaie alhabor	canis syrius primus et est meridionalis	Cnc	2° 47	−39° 10	−15° 38	92° 5
6	6	ascare algumaice	sirius secundus et est septentrionalis	Cnc	14° 17	−16° 10	6° 43	102° 17
7	7	calbalacer	cor leonis	Leo	17° 57	0° 10	15° 51	140° 13
8	9	alchimech alazel	iaculum tollens	Lib	11° 47	− 2° 0	− 6° 26	189° 36
9	10	alchimech alramech	iaculum feriens	Lib	12° 7	31° 50	24° 25	204° 56
10	11	annazel alvuaza	vultur cadens	Cap	2° 27	62° 0	38° 27	271° 20
11	27	nazel althair	vultur uolans	Cap	17° 48	29° 10	6° 34	285° 35
12	12	fomahout algemista	os piscis meridiani	Aqr	21° 57	−23° 0	−35° 49	354° 21
13	13	razelmire	caput speculi	Ari	2° 25	26° 0	24° 39	350° 4
14	14	razagul	caput gorgonis	Tau	14° 35	23° 0	38° 4	302° 44
15	18	razathoum almualhar	caput geminorum postremum	Cnc	8° 15	9° 0	32° 57	99° 42
16	19	razathoimon almua	caput eius anterius	Cnc	11° 35	6° 15	29° 16	103° 15

Lfd. Nr.	Lfd. Nr. XIIA	Nomina stellarum fixarum	Ymagines earum	Nomina signorum	longitudo	latitudo	Declinacio ab equinoctio	Gradus cum quo celum mediant
17	24	calbalacrab	cor scorpionis	Sco	27° 47	— 3° 0	—22° 38	134° 24
18	25	rachat aram	genu sagittarij	Cap	1° 55	—18° 0	—41° 33	272° 26
19	26	arcob arami	talus eiusdem	Cap	2° 40	—23° 0	—46° 32	273° 35
20	28	deheb adigeba	cauda galline	Aqr	24° 17	60° 0	42° 35	302° 51
21	29	mankab alferaz	humerus equi	Psc	17° 17	31° 0	23° 18	334° 21
22	30	kalbalhouz	cor piscis	Ari	18° 48	26° 20	31° 28	4° 33
23		haune algurab	collum corui	Vir	29° 15	—19° 40	—17° 39	170° 39
24	31	scemes menuanuta	australe decamediã	Ari	22° 35	8° 20	16° 32	17° 5
25	33	artob eleimen	talus dexter	Gem	10° 35	8° 0	30° 4	67° 35
26	34	monir alhemmahar	– –	Gem	29° 35	—10° 50	12° 43	89° 39
27	35	razalam	caput colubri	Sgr	9° 25	36° 0	13° 39	253° 0
28	36	jachfelez alferaz	jube equi	Aqr	20° 8	22° 50	6° 52	315° 20
29	37	deneb cautuz	cauda ceti	Psc	20° 35	—20° 20	—22° 19	0° 51
30		scoulet alatrab	spina scorpij	Sgr	12° 25	—13° 0	—35° 23	248° 47
31		roeubez aldigega	genua galline	Aqr	27° 5	66° 45	36° 33	302° 4
32		razalgauze	caput geminorum	Gem	11° 55	—13° 50	8° 37	74° 25
33		cedre alteratan	pectus cancri	Cnc	25° 15	0° 40	21° 51	117° 26
34		aamarcam	oculus sagittarij	Cap	0° 5	0° 45	—22° 48	270° 4
35		aldarfa finis	– –	Vir	9° 27	25° 10	19° 0	164° 40

Anmerkungen

Überschrift: b–e: keine wesentlichen Abweichungen g: Jahreszahl 570 (das entspräche 1174/5, dürfte aber hier Schreibfehler sein für das allgemein gebotene
577) l: Tabula locorum stellarum fixarum in nona spera in longitudine et latitudine ab ecliptica. et declinatione ab equinoctiali. et graduum cum quibus mediant
celum. anno arabum .577. verificata. quod est anno christi .1181. Et motus
octaue spere tunc 8 g̅ et 22 m̅ addendus. p: Tabula stellarum fixarum. et decli-
natio ipsarum. et pars declinationum ab equinoctiali. et gradus cum quibus
mediant celum. ab equinoctiali declinando.

1: Länge: f: 29° 47, h: 20° 47 Med. hi: 65° 24; l: 56° 42, darüber 59° 22; o: 56° 24,
darüber 59° 22.

2: b: Name nur: rigil h: Länge 2° 57 k: Breite —31° 30, Med. 44° 49 lo: Med.
darübergeschrieben 73° 53.

3: d: Breite — h: Dekl. 44° 36 k: Med. 43° 28 l: Med. 62° 28, darüber 55° 31 o:
alhashoc, Med. 63° 28, darüber 65° 31.

4: f: Länge 16° 59 g: manrab algebar h: mankyp algevar i: manlib algeuar k:
manlub algebir lo: Med. darübergeschrieben 80° 22 m: Breite + p: mechibalgebar.

5: bcd: ascare alhabor f: albere alhabor g: alcace alhabor, Dekl. —15° 30, Med.
90° 5 h: ascae alhaber i: Glosse: comosius idem et 3 n'u l: Med. darübergeschrieben 83° 29 o: Med. darübergeschrieben 93° 19 p: Dekl. —15° 28 q: Dekl.
—15° 18, Med. 93° 5.

6: b: alkar algumaice f: albere algumaice g: alcare algumace i: ascare algmualce
lo: Med. darübergeschrieben 103° 22.

7: d: Dekl. 24° 51 f: casbalezed, Med. 104° 13 g: Med. 149° 13 l: Med. 180° 13, lo
darüber: 138° 17 q: carbalac.

8: d: Dekl. —38° 26 f: Breite —1° 0 k: alhimec alramech (sic, der zweite Teil des
Namens mit demjenigen des folgenden Sterns zusammengeworfen) l: Med.
darübergeschrieben 197° 40 o: Med. darüber 190° 40.

9: c: alchimech altinnech d: alchmiechalminec, Dekl. 6° 25 f: Breite 3° 50 g:
Länge 12° 17 i: archimet alicanet k: allumech alramech l: Med. darübergeschrieben 200° 45 o: Med. darüber 206° 45 p: Med. 104° 56.

10: bcn: annazel alwalza d: anasel arcenkaista, Dekl. 35° 27 f: nunazel l: innazel
alhalza, Med. darübergeschrieben 273° 17 (so auch o) p: azimazel aluzalza.

11: Länge: aden darübergeschrieben: 9° 30, o: 19° 30 b: almuhara altair d: Dekl.
24° 34 f: yazel altair g: Länge 19° 48 hi: Länge 19° 30 k: narel althair l: innazel altayr, Med. darübergeschrieben 256° 25 o: Med. darüber 286° 15.

12: d: famohonc algei, Dekl. —38° 49 f: alnashane algenusta g: fomalioch algtaigi
hi: famahort algenista l: nabont algusta, Med. 254° 21 o: fom alhout algenubi,
Med. 334° 21 (die beste Überlieferung) p: fomaencha gemista; die Ziffern von
Dekl. und Med. fortgelassen, Dekl. falsch + q: die Koordinaten sind diejenigen
von Nr. 12; der Name lautet: enif id est musida equi; er stammt nicht aus dieser
Liste, sondern ist vom Schreiber aus einer anderen falsch und unpassend übernommen (cf. VI 37, VIII 43 u. ö.); POULLE identifiziert, gemäß dem falschen Namen, ε Peg.

13: Der Übersetzer las den Schriftzug des arabischen Namens ra's al-mar'a „Kopf
der Frau" (cf. XII A 13) als ra's al-mir'ā „Kopf des Spiegels" und übersetzte
auch so Länge: cf. XII 14 und XIV 14 b: Med. 357° 4 cf: Dekl. 34° 39 hi: nazel
mie (in Anlehnung an Nr. 11) l: razelmuz, Med. 250° 4 m: Med. 358° 4 o: raz
elmare.

14: d: razaguel, Dekl. 38° 34 g: Dekl. 28° 4 h: nazagul k: raragul o: Med. 32° 44
(dies ist richtig, die gesamte andere Überlieferung falsch).

15: In der gesamten Überlieferung ausnahmslos sind hier Namen und Koordinaten vertauscht: Position 15 hat den Namen von β Gem und dazu die Koordinaten von α; dagegen Position 16 hat den Namen von α Gem und dazu die Koordinaten von β. Breite bei Ptolemäus 9° 40 d: razachosi alimial f: razatoum g: razacone almusar l: razaldilalmualhar n: razatoil almualhar p: raçatoil alinnt.

16: c: razathoimun almual d: razatoimo alimal f: Name fortgelassen (war dem Schreiber in der Vorlage nicht lesbar) g: razatone aluna h: razachenne i: razathomion ln: razathomion almual o: raz athonuam almuh p: racatoy incalimal.

17: f: Med. 134° 34 g: Dekl. 21° 38 i: kalbalatrall l: Med. 138° 34 m: Länge 17° 47 o: Med. 234° 24, darüber 233° 12.

18: d: Länge 13° 55 f: rachet eami g: rachacaran i: ratat aram k: Med. 172° 26 l: kathat aram; Größe fortgelassen.

19: b: archob araim c: artob araim f: archob araym, Med. 273° 36 g: alcab aram hi: dieser Stern ausgelassen k: Med. 143° 35 l: Größe fortgelassen.

20: d: Dekl. 42° 53 f: Psc (statt Aqr) g: zeneb adigeba, Med. 202° 51 h: deheb adgebam i: deheb adgelaz hi: Länge 34° 17 (sic) p: aeba digeba.

21: h: makap alphepheram i: makar alphephera k: minkab alforar l: Größe falsch 3 (statt 2).

22: c: Breite 36° 20 f: casbalohuz, Breite 36° 20 h: kalbolheuz i: calbolhom hi: Dekl. 31° 18, Med. 4° 31 p: kalbazonem.

23: Name aus arab. 'unq al-ġurāb „Hals des Raben", gemäß der ptolemäischen Definition; nicht in XII A überliefert; ε Crv b: Länge 19° 15 cf: aune algorab d: anne algulab g: Med. 130° 39 o: Med. 170° 30 q: POULLE: δ Crv.

24: Name aus arab. aš-šamālī min an-naṯḥ „der nördliche von an-naṯḥ" (leicht abweichend von XII A 31); die lateinische Übersetzung sagt falsch australe statt septentrionale; „decamediā" Lesefehler aus „de cornu arietis"? b: stemes menanuaca, Länge 22° 25 c: scemes mennannuata d: scemes mennartura ehmn: scemes mennannta f: stenes, Breite —, Dekl. —16° 42 g: scemens mantinaca i: sones meniranuta k: scemes memiauri l: scemez urenuattuca o: scemel mennanuata p: stemes meniacuti (die senkrechten Striche erlauben in den meisten Fällen auch andere Kombinationen von i-u-n-m).

25: b: Länge 22° 25 f: Breite 10° 0 i: artab eleymen.

26: f: morar alhennahat g, in der Kolumne der lateinischen Übersetzungen: nahor (?) h: menral henahar l, in der Kolumne der lateinischen Übersetzungen: lucidum uel janus p: monir alenair.

27: Breite gemäß Ptolemäus +, die gesamte Überlieferung hat falsch — b: Dekl. 13° 49 f: Länge 9° 29 g: rahalen h: razalaz i: razalas k: raicilam m: uizalam.

28: Lateinisch falsch übersetzt iuba „Mähne" statt „Lippe" (cf. XII A 36) c: iathfelez alferaz g: iacferem alferam h: rachfilez alferam i: rachuilem alfecoz l: jachefeleiz alferaz m: jachfeler al- (der Rest des Wortes zerstört) p: jaffcleçal feram.

29: b: deneb kanniz cefhikno: deneb camuz d: Breite —13° 20 f: Breite + g: zeneb camuz l: deneb caitoz, Dekl. —22° 10 m: deneb cannir.

30: Name aus arab. šawlat al-'aqrab „Stachel am Schwanzende des Skorpions", Name der 19. Mondstation ($\lambda\nu$ Sco); hier gemäß der ptolemäischen Definition gebraucht; λ Sco. Die Einordnung dieses Sterns hier am Ende unter den „nebligen" Sternen mag darauf beruhen, daß der Autor der Tafel statt λ Sco (der zwanzigste im Skorpion bei Ptolemäus, auf dem Stachel) G Sco (der erste externe des Skorpions nach Ptolemäus, dem Stachel folgend) im Auge hatte. d: sconlenc alabrab, Breite —60° 0 g: scomet alacab, Länge überschrieben, unleserlich h: scaulech alarab i: sculech alras k: Länge 12° 35.

31: Name aus arab. rukbat ad-daǧāǧa „Knie der Henne", gemäß der ptolemäischen Definition; $\omega^{1,2}$ Cyg Breite bei Ptolemäus 63° 45 c: rocubez aldigega, Breite 13° 45 d: idenbrez aldigega, Breite 13° 45 f: raztabez addigega, Breite 66° 46 hi: Breite 60° 45 l: rozubez aldigega; Größe: keine Angabe m: Med. 302° 1 o: Dekl. 46° 34 p: racubeiçaldegiba.

32: Name aus arab. *ra's al-ǧawzā'* „Kopf der ǧawzā'"; infolge der Doppeldeutigkeit von *al-ǧawzā'* (bald „Orion", bald Tierkreiszeichen „Zwillinge") hier vom lateinischen Übersetzer falsch übersetzt; λ Ori Breite bei Ptolemäus —13° 50, die gesamte Überlieferung hat falsch + b: Länge 11° 25, Breite 13° 0 d: Breite 0° 50 f: Dekl. 28° 37 k: raralgaure l: Glosse caput geminorum, darüber Korrektur: orionis; Breite 7° 37; Größe: Angabe fehlt.

33: Name aus arab. *ṣadr as-saraṭān* „Brust des Krebses", gemäß der ptolemäischen Definition, ε Cnc Breite bei Ptolemäus +0° 40, die gesamte Überlieferung hat falsch —, außer ghi, wo jedoch ein Schreibfehler vorliegen dürfte bghi: Med. 177° 26' b: cedre alceratan d: cedre alteram f: cedex aceratan, Dekl. 31° 58 g: cece alceratam h: cedis altatam i: cedis aratam l: cedir alteracam; Größe: Angabe fehlt m: Cap (statt Cnc) p: cedre aldebaran.

34: Name aus arab. *'ayn ar-rāmī* „Auge des Schützen", gemäß der ptolemäischen Definition, ν¹,² Sgr bc: aamarram df: almarram f: Dekl. —22° 41 g: aamalram, Breite —, Med. 170° 4 hi: Länge 0° 11, Breite — l: Dekl. 22° 58; Größe: Angabe fehlt m: Länge 9° 5 p: aamaran, Med. 27° 4.

35: Die Koordinaten und der Zusammenhang mit den übrigen „nebligen" Sternen weisen auf die νεφελοειδὴς συστροφή, die von Ptolemäus im 6.–8. externen Stern des Löwen lokalisiert ist. Genauer kann im einzelnen der 7. externe Stern (Fl. 7, h Comae Berenices) gemeint sein: seine Länge erscheint in zwei Almagesthandschriften (Laur. 45 und Brit. Mus. Sloane 2795; Gerhard von Cremona) als Leo 24° 30; das ergäbe eine Längenzunahme gegenüber Ptolemäus von 14° 57, wie sie sich auch bei den Sternen Nr. 4 und 12 dieser Liste findet. Die Breite von 25° 10 erscheint in ms Brit. Mus. Reg. 16 (Redaktion des Almagest durch den persischen Astronomen Naṣīr ad-Dīn aṭ-Ṭūsī). Ptolemäus führte im Almagest auch den Namen dieser drei Sterne auf: ὁ Πλόκαμος; die geläufige arabische Übersetzung davon ist *aḍ-ḍafīra* „die Haarsträhne", und hierauf muß der Name in der Tafel zurückgehen. Ob „finis" hier wirklich „Ende" (scil. der Tafel) bedeutet oder eine Korruption aus „crinis", als Übersetzung zu *aḍ-ḍafīra*, ist, mag dahingestellt bleiben. Bereits die alten Kopisten konnten den Namen nicht verstehen; sie dachten dabei an *aṣ-ṣarfa* (β Leo; cf. XII A 8) und schrieben daher in einigen Handschriften die Breite von β Leo (11° 50) über diejenige des überlieferten Textes. Wenn auch β Leo in der arzachelischen Sterntafel in arabischen und lateinischen Versionen überliefert ist (XII A 8, XII 8, XIV 8, unter den Sternen erster Größe), so sprechen doch hier in XIII mehr Gründe dafür, in aldarfa *aḍ-ḍafīra*, h Com, zu erblicken und nicht *aṣ-ṣarfa*, β Leo. elno: Breite: darübergeschrieben 11° 50, d: 11° 0, g: 50' b: Länge 9° 37 bcfo: adarfa d: altarfa f: Länge 9° 17 g: adafar hi: der Stern ist weggelassen k: Breite 25° 50 l: Med. darübergeschrieben 66° 24 (cf. o); unten am Rand die Anmerkung: alzarfa est mansio lune que est finis leonis et primum virginis (d.h. die 12. Mondstation, *aṣ-ṣarfa*, β Leo) n: adaifa o: Med. 164° 49, darüber 166° 24.

TYP XIV

Es gibt noch eine dritte Ableitung aus dem gleichen arabischen Stern-verzeichnis des Azarquiel (XII A), die ebenfalls innerhalb der „Toleda-nischen Tafeln" überliefert ist. Hier werden 32 Sterne geboten mit Eklip-tikkoordinaten; die Längenzunahme gegenüber Ptolemäus beträgt ein-heitlich 14° 55'. Als Epoche nennt die Überschrift das Jahr 1422 alexan-drinischer Ära; dies entspräche 1110/1. Wie MILLÁS[1] sehr richtig ange-nommen hat, ist stattdessen zu lesen 1492, d.h. 1180/1, eine Epoche, die gut mit derjenigen von XIII übereinstimmt[2].

Die Tafel weist nach Wortlaut und Anordnung kein Zeichen der Ab-hängigkeit von XII oder XIII auf. An einer Stelle ist der Name spanisch statt lateinisch gegeben (Nr. 26). Man muß also annehmen, daß hier eine unabhängige dritte Übersetzung des gleichen arabischen Verzeichnisses vorliegt. Gewisse Varianten des arabischen Wortlauts gegenüber den Vor-lagen von XII und XIII werden transparent: die Überschrift lautete anders; zur Datierung waren nicht Hiǧra-Jahre, sondern die im islami-schen Orient ebenfalls viel benutzte Seleuciden-Ära verwendet; die Namen einiger Sterne zeigen kürzere Fassung (Nr. 5, 6, 9, 10, 32) bzw. die altarabische Form (Nr. 27). Die Vorlage muß also bestimmt eine Hand-schrift gewesen sein, die verschieden war von den Vorlagen von XII und XIII. Die Übereinstimmung mit Azarquiel (XII A) ist, besonders auch hinsichtlich der Reihenfolge, sehr eng.

Auffällig ist, daß auch hier, wie schon in XII und XIII, α Aql aus der Gruppe der Sterne zweiter Größe herausgelöst und hinter α Lyr bei den Sternen erster Größe eingereiht ist. Der Grund könnte in der Namenver-wandschaft der beiden liegen; die lateinischen Autoren wollten sie viel-leicht daher ebenso paarweise anordnen wie α CMa und α CMi oder α Vir und α Boo. Hier wird, wie auch in XII (29) und XIII (23), ε Crv mit auf-geführt, der eigenartigerweise in XII A fehlt; XII A scheint also lücken-haft zu sein; daß es eine sehr fehlerhafte Handschrift ist, war schon oben zu der Stelle bemerkt worden.

Die Aufschlüsselung nach Größen ergibt, daß hier hauptsächlich die Sterne erster und zweiter Größe aufgenommen sind; von der dritten Grö-ßenklasse finden sich nur drei Sterne.

Das Verzeichnis von Typ XIV erscheint an zwei Stellen, die in allen Details auffallend eng übereinstimmen:

---

[1] *Estudios* p. 69, Anm. 1 (hier irrtümlich 1181/2).
[2] Genau 1492 alex. = 1.X.1180–30.IX.1181; 577 Hiǧra = 17.V.1181–6.V.1182.

a) Oxford, Bodleiana, ms Laud. Misc. 644, s. XIII, fol. 92ʳ (ZINNER, *Tab. Tol.*,
   ms AQ; im Druck bei TOOMER ms L).
b) Paris, B.N. lat. 7198, s. XIV–XV, fol. 90ᵛ (MILLÁS, *Estudios* p. 61 ff, 69).

Die Wiedergabe erfolgt nach b. Für die modernen Bezeichnungen und
Etymologien wird grundsätzlich auf XII A verwiesen.

Tabula locorum stellarum fixarum uerificatorum in ciuitate toleti anni alexan-
dri .1422. secundum axarchelem

Lfd. Nr.	Lfd. Nr. XIIA	Magni- tudo	Nomina stellarum fixarum	Nomina signo- rum	Longi- tudo	Lati- tudo
1	1	1	aldebaran .i. cor tauri	Tau	27° 35	— 5° 10
2	2	1	pes geminorum	Gem	4° 45	—31° 50
3	3	1	alayoc	Gem	9° 55	22° 50
4	4	1	humerus geminorum	Gem	16° 55	—17° 0
5	5	1	alaabor .i. canis	Cnc	2° 35	—39° 10
6	6	1	algomeisa	Cnc	14° 5	—16° 10
7	7	1	cor leonis	Leo	17° 25	0° 10
8	8	1	arsarfa	Vir	9° 25	11° 50
9	9	1	alaazel	Lib	11° 35	— 2° 0
10	10	1	aliamech .i. lanceator	Lib	21° 55	31° 50
11	11	1	vultur cadens	Cap	2° 15	62° 0
12	27	3	vultur uolans	Cap	17° 48	29° 10
13	12	3	os piscis	Psc	4° 21	—55° 23
14	13	3	caput mulieris	Ari	2° 25	26° 0
15	14	2	capud aigol	Tau	14° 35	23° 0
16	15	2	cauda leuantis	Tau	19° 45	30° 0
17	16	3	humerus sinister petentis	Gem	5° 15	—17° 50
18	18	2	caput ataom delatum	Cnc	8° 15	9° 0
19	19	2	capud ataom retro	Cnc	11° 35	6° 15
20	20	2	illud quod est in collo leonis	Leo	17° 5	8° 50
21	21	2	unum quod in collo fortissimi	Leo	14° 55	—20° 50
22	22	2	precedens azubene	Sco	2° 55	0° 40
23	23	2	postremus azubene	Sco	7° 5	8° 30
24	24	2	calbalatiap .i. cor scorpionis	Sco	27° 35	— 3° 0
25	25	2	genu balistarij	Cap	1° 55	—18° 0
26	26	3	corbeillo delbalestiero	Cap	2° 40	—23° 0
27	28	2	adridf	Aqr	24° 5	60° 0
28	29	2	humerus equi	Psc	17° 5	31° 0
29	30	2	cor piscis	Ari	18° 48	26° 20
30	17	2	manu tenens lora	Gem	17° 25	20° 0
31		2	collum corui	(Vir)	29° 15	—19° 40
32	31	3	anath	Ari	22° 35	8° 20

Anmerkungen

Überschrift: a: arzarchelem.
 1: a: aldeboran.
 6: a: algomesia.
 8: a: asarfa.
12: Länge gemäß Ptolemäus zu erwarten 18° 45; Größe gemäß Ptolemäus 2.
13: Koordinaten gemäß Ptolemäus zu erwarten Aqr 21° 55, —20° 20 (bzw. —23° 0).
    Im Text sind diese Ziffern um eine Kolumne nach rechts verschoben, und vorn
    links ist vor die Reihe eine 4 gesetzt; ein sehr eigenartiger Überlieferungsfehler!
    Größe bei Ptolemäus 1, wie auch die Eingruppierung erfordert.
14: Länge gemäß Ptolemäus zu erwarten 2° 45; Größe gemäß Ptolemäus 2.
15: a: caput aigol.
16: cauda: Lesefehler in der arabischen Vorlage, _danab_ „Schwanz" statt _ǧanb_
    „Seite".
17: petentis: Korruption aus potentis, Übersetzung von (_mankib_) _al-ǧabbār_ „(Schul-
    ter) des Gewaltigen" (= Orion) Länge gemäß einer selteneren Ptolemäusüber-
    lieferung (cf. XII 16) Größe gemäß Ptolemäus 2.
18: delatum: arabisch _muqaddam_ „vorderer", hier aufgefaßt als „überbrachter"
    Breite bei Ptolemäus 9° 40.
20: illud wahrscheinlich Korruption aus lucidum, zu arab. _nayyir_ oder _munīr_
    „der Helle" (cf. XII A 20).
21: unum: Übersetzung von _al-fard_ „der Einzelne", fortissimus: falsche Über-
    setzung von _aš-šuǧāʿ_ „Hydra".
26: Übersetzung castellanisch statt lateinisch Länge: zu erwarten 2° 35; Größe
    gemäß Ptolemäus 2.
27: Name aus arab. _ar-ridf_ „der [auf demselben Tier, hinter dem Reiter] Mitrei-
    tende".
29: Länge zu erwarten 18° 45; Größe gemäß Ptolemäus 3.
31: Zeichen: ab: „collum corui", lies Vir Größe gemäß Ptolemäus 3; cf. XII 29
    und XIII 23.

TYP XV

Aus rein arabischer Überlieferung stammt ein Verzeichnis von 30 Sternen mit Ekliptikkoordinaten, das eine Längenzunahme gegenüber Ptolemäus von 6° 38′ aufweist. Es erscheint lateinisch an zwei Stellen:

a) Wien, ms 5311, s. XIV–XV, fol. 129ᵛ (ZINNER, *Verz.* Nr. 11037: verschiedene Tafeln).
b) Madrid, Bib. Nac., ms 10023, s. XIV, fol. 47ʳ (MILLÁS, *Traducciones* p. 243).

Die Madrider Handschrift enthält Auszüge aus den arabischen Tafelwerken *al-Amad ʿalā l-abad* und *al-Kawr ʿalā d-dawr* von Aḥmad ibn Yūsuf Ibn Kammād[1] in einer lateinischen Version von JOHANNES DE DUMPNO (Palermo 1260 bzw. 1262), die auf fol. 23ʳᵇ zu enden scheinen. Daran schließen sich weitere Tafeln – darunter auch unser Sternverzeichnis –, die keinen eigenen Titel tragen und die nach MILLÁS noch mit zu den Auszügen aus Ibn Kammād gehören.

Die Richtigkeit seiner Annahme wird bestärkt durch die Existenz einer arabischen Tradition, die Ibn Kammād als Quelle nennt. Der nordafrikanische Astronom Abū l-Ḥasan ʿAlī al-Marrākušī[2] hat gegen Ende des 13. Jahrhunderts mehrere Sternverzeichnisse zusammengestellt, darunter eines von 240 Sternen mit Ekliptikkoordinaten, die auf den Beginn des Jahres 1 der Hiǧra (16. VII. 622) zurückgerechnet sind[3]. Im zugehörigen Text beruft sich al-Marrākušī ausdrücklich auf die älteren sehr genauen Beobachtungen des Ibn Kammād in seinem Tafelwerk *al-Amad ʿalā l-abad*[4]. Die Annahme liegt nahe, daß al-Marrākušī die ältere und genauere Tafel des Ibn Kammād, die er so gut kannte, für sein eigenes Verzeichnis mit herangezogen hat.

In diese Tradition gehört auch unsere auf den Anfang des Jahres 1 der Hiǧra berechnete Tafel, die MILLÁS gewiß mit Recht zu den Auszügen aus Ibn Kammād in der Madrider Handschrift zählt.

---

[1] BROCKELMANN, GAL Suppl. I 864 (4c).

[2] BROCKELMANN, GAL I 473 (7), Suppl. I 866 (7).

[3] Französisch gedruckt von L.A. SÉDILLOT, *Traité des Instruments astronomiques des Arabes... par Aboul Hhassan Ali de Maroc*, Paris I (1834), p. 140–149; mit Anmerkungen nachgedruckt von E.B. KNOBEL, *Chronology*, p. 63ff; cf. auch ebda. p. 12ff.

[4] Ibn Kammād wiederum hängt von seinem Lehrer Azarquiel ab (diesen siehe in Typ XII A; cf. auch MILLÁS, *Estudios* p. 10). Die Methode, Sternverzeichnisse auf die Epoche des Jahres 1 der Hiǧra zu beziehen, geht bereits auf Maslama zurück; cf. DESTOMBES, *Astrolabe carolingien* p. 16f.

Der Text bietet einige Schwierigkeiten. a und b stimmen in der Terminologie nicht immer überein (Nr. 4, 6, vielleicht 12, 15, 22, 27), wobei die zu Tage tretenden Unterschiede kaum als Kopistenfehler abgetan werden können. Eigenartig bleibt auch das Problem von Nr. 30, wo der arabische Name ganz eindeutig zu einem anderen Stern gehört als die übrigen Angaben. Möglicherweise stellt unsere Tafel nicht die Übersetzung des vollständigen arabischen Originals dar, sondern nur einen Auszug aus einem längeren Verzeichnis, und möglicherweise ist b eine zweite, unabhängige Übersetzung aus einer anderen arabischen Handschrift des gleichen Verzeichnisses.

Die Wiedergabe erfolgt nach a mit den Abweichungen aus b. (b enthält nur eine Namenkolumne, nicht auch eine weitere Kolumne für Übersetzungen oder Glossen). Die in einer letzten Kolumne noch gegebenen astrologischen Temperamente sind in die Edition nicht aufgenommen. Im Apparat werden auch die Werte der entsprechenden Sterne aus dem Verzeichnis des Abū l-Ḥasan ʿAlī al-Marrākušī (AH) vorgeführt; die weitgehende Übereinstimmung läßt den Zusammenhang mit bzw. die Herkunft aus Ibn Kammād noch klarer hervortreten.

Anmerkungen

Überschrift: b: Tabula longitudinum stellarum fixarum a puncto capitis arietis in circulo signorum ab inicio essenciali.

1: b: achar emahar, Ari 6° 10, (—) 13° 30 Name aus arab. *āḫir an-nahr* „Ende des Flusses" AH 3: Ari 6° 47, —13° 20.

2: b: Name auf dem Foto unleserlich AH 28: Tau 6° 18, 23° 0.

3: b: adebran, Tau 19° 28 AH 39: Tau 19° 18, —5° 10.

4: b: pes geminorum, Tau 26° 38 AH 42: Tau 26° 30, —31° 30.

5: b: algaihuc AH 46: Gem 1° 37, 22° 30.

6: b: brachium geminorum AH 57: Gem 8° 40, —17° 0.

7: b: suheil, Gem 23° 49 AH 68: 23° 50, —75° 0.

8: b: alhabur, Gem 24° 39 AH 69: Gem 21° 18, —59° 10 (sic).

9: b: teum septentrionalis, Gem 24° 59, 9° 40 Name aus arab. *at-taw'am aš-šamālī* „der nördliche Zwilling" AH 71: Gem 29° 58, 9° 40.

10: b: teum meridionalis Name aus arab. *at-taw'am al-ǧanūbī* „der südliche Zwilling" AH 75: Cnc 3° 20, 6° 15.

11: b: algumeisa, Cnc 5° 49 AH 78: Cnc 5° 50, —16° 10.

12: b: Name auf dem Foto unleserlich Name aus arab. *faqār aš-šuǧāʿ* „Rückgrat der Hydra" (cf. AH 98: Leo 6° 40, —20° 30, la Vertèbre de l'Hydre), eine seltene Bezeichnung; normalerweise wird a Hya bei den Arabern *al-fard* „der Einzelne" und, gemäß der ptolemäischen Definition, *ʿunq aš-šuǧāʿ* „Hals der Hydra" genannt.

13: b: cor leonis AH 102: Leo 9° 8, 0° 10.

14: b: Der 36. Stern der Argo bei Ptolemäus (Breite lies: —69° 40), ἐπὶ τῆς κάτω τρόπεως; bei Ṣūfī, ed. Hyderabad p. 307: *ʿalā ḫašabat mabnā as-safīna.* TALLGREN, *Survivance arabo-romane du Catalogue d'étoiles de Ptolémée*, Studia Orientalia II (1928), p. 202 ff, § 82 zitiert aus dem arabischen Almagest-ms Escorial 914 für diesen Stern die Bezeichnung *miǧdāf* „Ruder". Es ist also anzunehmen, daß moederaesesine aus *miǧdāf as-safīna* „Ruder des Schiffes" entstanden ist. *miǧdāf as-safīna* erscheint auch – neben *suhayl*, a Car, der nach Ptolemäus

Lfd. Nr.	Nomina stellarum fixarum in arabico	Expositio ipsorum in latino	Sigma	Longi-tudo	Lati-tudo	Magni-tudo	Mod. Bez.
1	acarnar	extrema fluuij	Ari	6° 48	−53° 30	1	ϑ Eri
2	raselgul	caput algol	Tau	6° 18	23° 0	2	β Per
3	aldebaran	oculus tauri		19° 18	− 5° 10	1	α Tau
4	rigelgeuse	pes orionis sinister		26° 28	−31° 30	1	β Ori
5	alhaiuth uel alhaioth	capra	Gem	1° 38	22° 30	1	α Aur
6	michebgeuse	humerus orionis dexter		8° 38	−17° 0	1	α Ori
7	sueil	canopus		23° 48	−75° 0	1	α Car
8	elabur uel alhabor	canis maior		24° 18	−39° 10	1	α CMa
9	etanmusceecinesi	caput gemini antecedentis		29° 58	9° 30	2	α Gem
10	etungenubi	caput gemini secundi sequentis	Cnc	3° 18	6° 15	2	β Gem
11	elcamisa	algomeisa		5° 48	−16° 10	1	α CMi
12	ficaresugia uel alfard	singularis	Leo	6° 38	−20° 30	2	α Hya
13	calbalesed	cor leonis		9° 8	0° 10	1	α Leo
14	moederaesesine	in carina nauis		15° 8	−49° 40	2	χ Car
15	mutenelised	que sunt in yleo leonis		20° 48	13° 40	2	δ Leo
16	denebalesed	cauda leonis	Vir	1° 8	11° 50	1	β Leo
17	elazel	alazel uel spica	Lib	3° 18	− 2° 0	1	α Vir
18	alramech	lanceator		3° 38	31° 30	1	α Boo
19	murinefede	corona borealis vel adriagnes		21° 18	44° 30	2	α CrB
20	elchefgenubi	chela scorpionis australis		24° 38	0° 40	2	α Lib
21	elchefschemel	chela scorpionis borealis		28° 48	8° 50	2	β Lib
22	gibenalacrab	frons scorpionis	Sco	12° 58	− 1° 20	3	β Sco
23	calbalacrab	cor scorpionis		19° 18	− 4° 0	2	α Sco
24	erucube	in genu sagittarij sinistro anteriori	Sgr	23° 38	−18° 0	2	α Sgr
25	eriserluaca	vvltur cadens uel lira		23° 58	62° 0	1	α Lyr
26	erisertaer	vvltur uolans uel aquila	Cap	10° 28	29° 10	2	α Aql
27	furaliuct	os piscis meridiani	Aqr	13° 38	−23° 0	1	α PsA
28	denebedigege	cauda galline		15° 48	60° 0	2	α Cyg
29	michebalfraz	humerus equi dexter	Psc	8° 48	31° 0	2	β Peg
30	elfechebcadib	caput mulieris .i. andromede		24° 28	26° 0	2	δ Peg = α And

eigentlich auf dem Ruder ($\pi\eta\delta\acute{a}\lambda\iota o\nu$, aṣ-Ṣūfī: *as-sukkān*; Almagest ms Brit. Mus. Add. 7475: *al-miǧḏāf*) steht – auf zwei arzachelischen Sapheen von Muḥammad ibn Futūḥ al-Ḥamā'irī aus Sevilla, die eine von 613 h = 1216/7 (cf. A. DA SCHIO, *Di Due Astrolabii in Caratteri Cufici Occidentali...*, Venedig 1880, p. 44ff; GUNTHER, *Astrolabes* Nr. 127 A; L.A. MAYER, *Islamic Astrolabists and Their Works*, Genf 1956, p. 64ff/II. Bei DA SCHIO Stern Nr. 32, der Position nach mit χ Navis identifiziert, d.h. also χ Car), und die andere von 615 h = 1218/9 (cf. L.A. SÉDILLOT, *Mémoire sur les instruments astronomiques des Arabes*, Paris 1844, p. 184ff [= *Matériaux pour servir à l'histoire comparée des Sciences mathématiques chez les Grecs et les Orientaux*, Paris 1845, p. 352ff]; GUNTHER, *Astrolabes* Nr. 128; MAYER, a.a.O. p. 64ff/III. Bei SÉDILLOT Stern Nr. 28; im Index identifiziert mit „δ du Navire", d.h. der 38. Stern der Argo nach Ptolemäus, δ Vel; doch läßt sich bei der Stellung auf der Saphea zweifellos auch ebensogut χ Car identifizieren). Dadurch ist der Name in der spanisch-arabischen Tradition bezeugt   b: Name auf dem Foto nicht leserlich, Breite —24° 40   Nicht bei AH.

15: Name aus arab. *matn al-asad* „Rücken des Löwen" (cf. KUNITZSCH, *Sternnamen* p. 159, Nr. 90) b: corpus leonis, Leo 24° 44 AH 104: Leo 20° 50, 13° 40.

16: b: cauda leonis, Breite 11° 7 AH 111: Vir 1° 8, 11° 50.

17: b: alagzel, Lib 3° 38 (= Wert von Nr. 18) AH 132: Lib 3° 20, —2° 0.

18: b: arremach AH 133: Lib 3° 40, 31° 30.

19: b: munir elfike Name aus arab. *munir al-fakka* „der Helle von al-fakka" AH 142: Lib 21° 20, 44° 30.

20: b: alfike septentrionalis Name aus arab. *al-kiffa al-ǧanūbīya* „die südliche Waagschale" (in b mit *al-fakka* von Nr. 19 verwechselt; auch das Beiwort ist verwechselt: „septentrionalis" statt „meridionalis") AH 144: Lib 24° 38, 0° 40.

21: Länge 20°, darüber Korrektur in 28° b: alfike septentrionalis, Lib 28° 49, 8° 30 Name aus arab. *al-kiffa aš-šamālīya* „die nördliche Waagschale" AH 147: Lib 28° 50, 8° 50.

22: Breite lies +   Name aus arab. *ǧabhat al-ʻaqrab* „Stirn des Skorpions" b: hayt elhacrab, Sco 12° 18, —1° 20, 2 ᵐ; Name anscheinend aus *ʻayn al-ʻaqrab* „Auge des Skorpions" AH 158: Sco 12° 57, 1° 20.

23: Größe 1, von anderer Hand korrigiert in 2 b: cor scorpionis, Breite —3°0, Größe 1 AH 164: Sco 19° 17, —4° 0.

24: b: rucbit errami, Sgr 23° 49 Name aus arab. *ar-rukba* bzw. *rukbat ar-rāmī* „Knie des Schützen" AH 186: Sgr 23° 37, —18° 0.

25: b: annesir elgueca AH 187: Sgr 24° 0, 2° 0 (sic).

26: b: annesir ettair AH 198: Cap 10° 30, 29° 10.

27: Länge: von anderer Hand unpassend darüber geschrieben 14° 48 b: cauda piscis (sic statt os) AH 218: Aqr 13° 40, 23° 0 (sic).

28: b: cauda galline, Breite 40° 0, Größe 1 AH 219: Aqr 15° 48, 60° 0.

29: Länge: 8° 58, darüber Korrektur in 48 b: brachium (das zweite Wort auf dem Foto unleserlich), Psc 8° 49 Name aus arab. *mankib al-faras* „Schulter des Pferdes" AH 229: Psc 8° 49, 31° 0.

30: Länge: 24° 18, darüber Korrektur in 28; Breite: Korrektur in 29° Name aus arab. *al-kaff al-ḫaḍīb* „die [mit Henna] gefärbte Hand" = β Cas; jedoch Glosse und Koordinaten von δ Peg = a And; dieser ist auch AH 237: Psc 24° 30, 26° 0 (für β Cas müßten die Koordinaten hier lauten Ari 14° 28, + 51° 40, 3 ᵐ; cf. AH 8: Ari 14° 28, 51° 40; dieser Stern wäre demnach im Rahmen der Tabelle hinter Nr. 1 einzureihen) b: alkef elchadib, Psc 24° 10, 29° 0. Cf. ähnlich oben I A 21.

TYP XVI

1391 verfaßte GEOFFREY CHAUCER für seinen Sohn Lewis eine Einführung in Herstellung und Gebrauch des Astrolabs, die bereits mehrfach separat ediert und kommentiert worden ist[1]. CHAUCER hat hierbei großzügig Gebrauch von der Pseudo-Māšā'allāh-Arbeit über den gleichen Gegenstand gemacht. Die laut Inhaltsverzeichnis dazu geplanten Tafeln, darunter ein Fixsternverzeichnis, haben sich nicht erhalten; es ist nicht sicher, ob sie überhaupt niedergeschrieben wurden[2].

Die Chaucer-Handschrift G enthält jedoch in unmittelbarer Nachbarschaft der Astrolababhandlung[3] ein Verzeichnis von 72 Sternen. Dieses Verzeichnis bildet nun mit Gewißheit nicht Bestandteil von CHAUCERs *Treatise,* aber es kann als Beispiel für Verzeichnisse gelten, wie sie in England zu jener Zeit zirkulierten und wie sie auch CHAUCER als Beispiel im Auge gehabt hatte[4].

Wenn die Tafel von 72 Sternen auch relativ jung ist, so soll sie auf jeden Fall hier Aufnahme finden, da sie nicht nur im Zusammenhang mit der Chaucer-Forschung von Interesse ist. Es werden hier eine Reihe ganz neuer Namen zum erstenmal in der Verzeichnistradition sichtbar, die nach dem bisherigen Stand der Forschung und Quellenkenntnis nicht deutbar sind. Die Tafel trägt deutliche Merkmale der Kompilation; der Schreiber ist sehr sorgfältig gewesen, die Koordinaten zeugen von seiner Genauigkeit. In vier Fällen konnte er den (arabischen?) Namen in der Vorlage nicht lesen und ließ ihn daher in seiner Abschrift aus (Nr. 50, 55, 68 und 69); in zwei Fällen (Nr. 48 und 60) bietet er Duplikate zu anderen bereits genannten Namen, die offensichtlich das Ergebnis einer Verlesung einer schlecht geschriebenen Vorlage sind.

Dreiundzwanzig Namen (unten in der Edition mit Stern * gekennzeichnet) treten hier im Rahmen der Sternnamentradition zum erstenmal in Erscheinung. In der gebotenen Form sind sie unerklärbar; es muß offen bleiben, wie weit hier auch die schlechte Vorlage verantwortlich zu machen

---

[1] A.E.BRAE, London 1870; W.W.SKEAT, London 1872 u.ö.; R.T.GUNTHER, *Chaucer and Messahalla on the Astrolabe* (Early Science in Oxford, vol. V), Oxford 1929; P.PINTELON, Antwerpen 1940.

[2] Cf. Inhaltsverzeichnis ed. PINTELON, fol. 75; SKEAT, Vorwort p. XXIIff.

[3] CHAUCER endet auf fol. 80[v]; das Sternverzeichnis folgt auf fol. 83[r-v].

[4] Cf. seinen Verweis auf die als Vorlage für seine Tafeln in Aussicht genommenen Kalender der Patres J.SOMER und N.LENNE (ed. PINTELON, fol. 75[v]).

ist. Soviel ist jedoch sicher, daß auch erhebliche graphische Änderungen nicht zu sinnvollen Lesungen führen können, da die von der Handschrift gebotenen Wörter auch nicht die entfernteste Ähnlichkeit mit den Namen bzw. Bezeichnungen der durch die Koordinaten mit absoluter Sicherheit festgelegten Sterne aufweisen. Die Koordinaten dagegen sind auffallend fehlerlos wiedergegeben und bestätigen, was auch die zahlreichen beigefügten Glossen sowie die Benutzung bestimmter Zahlenwerte bei einigen Längen und Breiten zeigen: daß nämlich der Autor bei der Herstellung der Tabelle als Orientierungshilfe eine Almagest-Handschrift nach der Version des GERHARD VON CREMONA benutzt haben muß.

Die Sterne sind nach ansteigender Länge geordnet. Die Angabe der Tierkreiszeichen ist in der Handschrift ausgelassen (unten in der Edition vom Herausgeber hinzugefügt). Die Längenzunahme gegenüber Ptolemäus beträgt in den meisten Fällen 18° 49'.

Das Verzeichnis wird wiedergegeben nach der einzigen bisher bekannten Stelle:

a) Cambridge, Trinity College, ms R. 15. 18, s. XV, fol. 83^{r-v} (Chaucer-Editionen: ms G; cf. SKEAT p. XII; PINTELON p. 22f).

Anmerkungen

1: Name unbekannt und undeutbar.
2: Name und Glosse passen zwar auch auf ϑ Cet, gehören jedoch traditionsgemäß zu Nr. 71 oder 72; aus arab. *ḏanab qayṭus* ,,Schwanz des Walfisches''.
3: Aus arab. *baṭn qayṭus* ,,Bauch des Walfisches''.
4: Breite nach altem arabischem Lesefehler – 13° 30 statt – 53° 30.
5: Name korrumpiert aus arab. *mi'zar* ,,Schurz'', in der ptolemäischen Definition; daher auch die Glosse zu lesen: …super cingulum o.ä.
6: Auch in VI 6 und VIII 4 erscheint eniff für a Ari; aus arab. *anf* ,,Nase''; Längenzunahme unregelmäßig + 18° 19.
7: Name sonst unbekannt und ungebräuchlich; Längenzunahme + 18° 19.
8: Name aus arab. *al-'anāq* ,,Ziege''; Breite zu lesen 28° 0.
9: Aus arab. *minḫar* ,,Nase''.
11: Name unbekannt und undeutbar.
12: Aus arab. *al-ǧanb* ,,Seite''.
13: arab. *ad-dabarān*.
14: Aus arab. *riǧl (al-ǧawzā')* ,,Fuß (der ǧawzā')''.
15: Name unbekannt; vielleicht als lat. talus ,,Knöchel'' im Sinne der Glosse zu deuten.
16: arab. *al-'ayyūq*.
17: Name aus arab. *ar-rukba* ,,Knie'', häufig für ϑ UMa, hier falsch gebraucht; Länge zu lesen 21° 39; Breite zu lesen + 20° 0.
18: Aus arab. *(mankib) al-ǧawzā'* ,,(Schulter) der ǧawzā'''.
19: Name aus griech. Κάνωβος, vielleicht über eine arabische Zwischenstufe; Breite zu lesen – 75° 0 (cf. Almagest, Übersetzung Gerhard von Cremona, ms Brit. Mus. Sloane 2795: Breite auch falsch – 29° 0).
20: arab. *al-'abūr*.
21: Name gehört zu μ UMa, *riǧl ad-dubb* ,,[Hinter-]Fuß des Bären'' (cf. III 27), hier falsch gebraucht (cf. VIf [Einschub 16a]; XI 9).

Tabula stellarum fixarum

Lfd. Nr.	(Name)	longitudo	latitudo	partes mundi	magnitudo	Mod. Bez.
1	*Spelca .i. antecedens duarum ad caudam ceti	(Ari) 3° 49	15° 40	—	3	η Cet
2	Denebcaytos .i. cauda ceti	8° 29	15° 20	—	2	ϑ Cet
3	Batncaytos .i. venter ceti	13° 49	20° 0	—	2	ζ Cet
4	Finis fluminis	18° 59	13° 30	—	1	ϑ Eri
5	Mirak .i. meridionalis trium super andromedariam	22° 39	26° 20	+	3	β And
6	Enyf secundum ptholomeum est capud Arietis	28° 59	10° 0	+	3	α Ari
7	Triangulus .i. antecedens trium que sunt super basin	(Tau) 4° 59	20° 40	+	3	β Tri
8	Alamaker .i. super pedem sinistrum Andromede	5° 39	23° 0	+	3	γ And
9	Menkar .i. nares ceti	6° 29	12° 20	—	3	α Cet
10	Caput algol .i. in manu persei	18° 29	23° 0	+	2	β Per
11	*Altap .i. super cauillam persei	22° 59	12° 0	+	3	o Per
12	Algenib .i. in latere dextro persei	23° 39	30° 0	+	2	α Per
13	Aldeberan .i. Oculus tauri	(Gem) 1° 29	5° 10	—	1	α Tau
14	Rigil .i. pes orionis	8° 39	31° 30	—	1	β Ori
15	*Talo .i. super cauillam sinistram Agittatoris	8° 39	10° 10	+	3	ι Aur
16	Alhaioch .i. hircus in humero sinistre Agitatoris	13° 49	22° 30	+	1	α Aur
17	Alrucaba .i. in humero Agitatoris dextro	29° 39	2° 0	+	2	β Aur
18	Elgeuze .i. in humero dextro orionis	20° 49	17° 0	—	1	α Ori
19	Kanapos .i. illa que est sub remo nauis	(Cnc) 5° 59	29° 0	—	1	α Car
20	Alhabor .i. in ore canis maioris	6° 29	39° 10	—	1	α CMa
21	Egreges .i. caput geminorum primum	12° 9	9° 20	+	2	α Gem
22	Razalgeuze .i. capud geminorum secundum	15° 29	6° 15	+	2	β Gem
23	Markeb .i. vltima sequens naui	17° 49	21° 50	—	3	τ Pup
24	Algomeysa .i. in collo canis minoris	17° 29	16° 10	+	1	α CMi
25	Azerfa .i. super transtrum nauis	(Leo) 9° 29	58° 20	—	2	ζ Pup

Lfd. Nr.	(Name)	longitudo	latitudo	partes mundi	magnitudo	Mod. Bez.
26	Edub .i. nirak clarior vrse maioris	10° 59	44° 30	+	2	β UMa
27	*Beken .i. lucida sub transtro nauis	18° 49	63° 50	—	2	γ Vel
28	*Selche .i. lucida ydre	18° 49	20° 30	—	2	α Hya
29	Calbalacer .i. cor leonis	21° 19	0° 10	+	1	α Leo
30	*Dkema .i. lucida super lignum fabricationis nauis	27° 19	60° 40	—	2	χ Car
31	*Allozen .i. sequens earum que est in dorso leonis	(Vir) 2° 59	13° 40	+	2	δ Leo
32	*Robzarcaben .i. media trium stellarum super caudam vrse maioris	6° 49	55° 40	+	2	ζ UMa
33	Calbalaced .i. cauda leonis	13° 19	11° 50	+	2	β Leo
34	*Alzarcha .i. sequens trium super lignum nauis	14° 49	67° 20	—	3	f Car
35	*Chera .i. illa que est super extremitatem ale	17° 49	6° 0	+	3	β Vir
36	Benetnas .i. in extremo caude vrse maioris	18° 39	54° 0	+	2	η UMa
37	Algorab .i. ala corui	(Lib) 1° 19	14° 50	—	3	γ Crv
38	pes corui que super extremitate	9° 19	18° 10	—	3	β Crv
39	Alramech .i. lanceator	14° 49	31° 30	+	1	α Boo
40	Alchimech .i. spica	15° 29	2° 0	—	1	α Vir
41	*Almanap .i. coxa dextra centauri	21° 9	46° 10	—	2	δ Cen
42	pes centauri	27° 29	41° 10	—	1	α Cen
43	Elfeta .i. lucida in corona septentrionali	(Sco) 3° 9	44° 30	+	2	α CrB
44	*Alzap.i. super calcaneum pedis dextre centauri	4° 49	41° 40	—	2	β Cru
45	luminosior .i. duarum que sunt super extremitate lancis libre meridionalis	6° 59	0° 40	+	2	α Lib
46	luminosior duarum super extremitate lancis libre septentrionalis	10° 59	8° 30	+	2	β Lib
47	*Alwarap .i. super genu sinistrum centauri	12° 29	41° 30	—	2	β Cen
48	Calbazen	29° 29	5° 0	—	3	?

Lfd. Nr.	(Name)	longitudo	latitudo	partes mundi	magnitudo	Mod. Bez.
49	Cawalaqab .i. cor scorpionis	(Sgr) 1° 39	4° 0	—	2	α Sco
50	super humerum sinistrum saltatoris	5° 29	48° 0	+	3	δ Her
51	*Biuacaba super caput saltatoris	6° 29	37° 30	+	3	α Her
52	Taben .i. super capud draconis	18° 9	75° 50	+	3	γ Dra
53	*Zochor	26° 49	10° 50	—	3	ε Sgr
54	*Alphor	27° 49	1° 30	—	3	λ Sgr
55	super pedem sinistrum sagittatoris	(Cap) 5° 49	18° 0	—	2	α Sgr
56	Wega .i. vultur cadens	6° 9	62° 0	+	1	α Lyr
57	*Niza .i. illa que est super cauillam sinistrum sagittatoris		23° 0	—	2	β Sgr
58	Altayr .i. vultur volans	21° 59	29° 10	+	2	α Aql
59	Rostrum galline	23° 19	49° 20	+	3	β Cyg
60	Septem trium in cornu sequente capricorni	26° 9	2° 20	+	3	α¹,² Cap
61	*Margwas .i. sequens trium super palmam Aquarij	(Aqr) 16° 29	5° 30	+	3	ν Aqr
62	Delphyn .i. super in rumbo orientali	10° 9	32° 0	+	3	γ Del
63	*Argek .i. in spatula sinistra Aquarij	15° 19	8° 50	+	2	β Aqr
64	*Azubrok .i. os piscis meridionali	18° 49	23° 0	—	1	α PsA
65	Alrifi .i. cauda galline	27° 59	60° 0	+	2	α Cyg
66	*Zeball .i. in dextro brachio Aquarij	28° 19	8° 40	+	3	γ Aqr
67	Algomeysa	(Psc) 0° 49	9° 0	+	3	ζ Aqr
68	.i. in collo equi secundi	17° 39	10° 0	+	3	ζ Peg
69	.i. in genu dextro equi secundi	17° 49	35° 0	+	3	η Peg
70	Humerus equi	20° 59	31° 0	+	2	β Peg
71	*Algerma .i. super ramum septentrionalem	23° 9	9° 40	—	3	ι Cet
72	*Alfegerimek .i. super extremitatem caude ceti	24° 29	20° 20	+	3	β Cet

22: Aus arab. *ra's al-ǧawzā'* „Kopf der ǧawzā'", eigentlich zur Bezeichnung von λ Ori; infolge der Mißverständlichkeit von *al-ǧawzā'* hier fälschlich auf Gemini bezogen.

23: Name aus arab. *markab* „Schiff", bezeichnet sonst ϱ Pup, hier eigenwillig abweichend gebraucht; Breite zu lesen —71° 45 (cf. Almagest, ms Brit. Mus. Sloane 2795, wo ebenfalls — 21° 50 steht).

24: arab. *al-ǧumayṣā'*; Längenzunahme unregelmäßig, nach griech. Tradition + 17° 59, nach arab. Tradition + 18° 19.

25: Bei Ptolemäus der 17. Stern der Argo; Name aus arab. *aṣ-ṣarfa* „der [Wetter-] Wechsel", β Leo, hier falsch gebraucht; Längenzunahme + 18° 19.

26: Name aus arab. *ad-dubb* „...des Bären"; nirak in der Glosse stammt aus der Almagestüberlieferung, wo der Stern auf „den Weichen" *al-marāqq* steht, was als mirach u.ä. latinisiert beibehalten wurde. Der Name „edub" wird sonst üblicherweise für α UMa gebraucht (siehe Index).

27, 28, 30–35: Namen unbekannt und undeutbar.

29: Aus arab. *qalb al-asad* „Herz des Löwen".

30: Bei Ptolemäus der 36. Stern der Argo; Breite zu lesen —69° 40.

33: Name von 29 irrtümlich wiederholt (Calb- statt Deneb-, zu *ḏanab al-asad* „Schwanz des Löwen").

34: Bei Ptolemäus der 39. Stern der Argo.

35: Breite zu lesen +0° 10 (viele Almagest-Handschriften haben ebenfalls +6° 0).

36: Aus arab. *banāt na'š* „Töchter des na'š".

37: Aus arab. *al-ǧurāb* „...des Raben"; Längenzunahme +17° 49.

39: arab. *ar-rāmiḥ* „der Lanzenbewaffnete"; Längenzunahme +17° 49.

40: arab. *as-simāk*.

41: Name unbekannt und undeutbar; Längenzunahme +18° 29.

42: Längenzunahme +19° 9; Breite so auch in drei Almagest-Handschriften, Version Gerhard (bei PETERS-KNOBEL); nach der griech. Tradition: —44° 10.

43: arab. *al-fakka*; Längenzunahme +18° 29.

44: Name unbekannt und undeutbar; Längenzunahme +19° 29; Breite zu lesen —51° 40.

45: Längenzunahme +18° 59.

46: Breite: auch Almagest, ms Brit. Mus. Sloane 2795, hat +8° 30; sonst üblich 8° 50.

47: Name unbekannt und undeutbar; Längenzunahme +18° 19; Breite bei Ptolemäus —45° 20.

48: Name nur als Duplikat von Nr. 33 oder, weniger wahrscheinlich, von Nr. 49 erklärbar; Koordinaten ergeben keinen Stern. Die Breite könnte auf π Sco passen, dann betrüge die Längenzunahme +23° 49.

49: Aus arab. *qalb al-'aqrab* „Herz des Skorpions"; Längenzunahme + 18° 59.

50: Arabischer Name ausgefallen.

51: Name unbekannt und undeutbar.

52: Aus arab. *tinnīn* „...[des] Drachen" (cf. VI 31; VIII 34); Längenzunahme +18° 29; Breite zu lesen +75° 30.

53, 54: Namen unbekannt und undeutbar.

55: Arabischer Name ausgefallen.

56: arab. *al-wāqi'* „der fallende [Adler]".

57: Name unbekannt und undeutbar.

58: arab. *aṭ-ṭā'ir* „der fliegende [Adler]"; Längenzunahme + 18° 9.

60: Zu lesen: Septentrionalis trium...; Breite zu lesen + 7° 20.

61: Name unbekannt und undeutbar; Länge zu lesen 6° 29.

63, 64: Namen unbekannt und undeutbar.

65: arab. *ar-ridf* „der [auf demselben Tier, hinter dem Reiter] Mitreitende".

66: Name unbekannt und undeutbar.

67: Name von Nr. 24 hier wiederholt und falsch benutzt.
68: Arabischer Name ausgelassen; Länge zu lesen 7° 39; Breite zu lesen +18° 0.
69: Arabischer Name ausgelassen.
71: Name unbekannt und undeutbar (cf. oben Nr. 2); Längenzunahme +18° 29.
72: Name unbekannt und undeutbar (cf. oben Nr. 2).

TYP XVII

Als letztes soll in diese Übersicht ein Verzeichnis aufgenommen werden, das zwar relativ jung ist; es stammt erst aus dem 15. Jahrhundert. Indessen darf es ein gewisses kulturgeschichtliches Interesse beanspruchen, da hier einmal das Stadium sichtbar wird, in welchem die international verbreitete klassische arabisch-lateinische Tradition in eine der nationalen Sprachen und damit in deren Gedankengut übergeht[1]. Es gibt zwar ältere deutsche astronomische Texte, die auch Sternbildbeschreibungen und einige Sternnamen enthalten; sie sind jedoch zumeist aus der unmittelbaren antiken Überlieferung hervorgegangen und nehmen wenig oder gar keinen Bezug auf die arabische Wissenschaft.

Das hier behandelte Verzeichnis findet sich in zwei Handschriften, darf also getrost als fester Typ angesehen werden. Darin sind aufgeführt 44 Sterne mit Ekliptikkoordinaten, nach Tierkreiszeichen ansteigend (innerhalb jedes Zeichens jedoch willkürlich) geordnet; die Längenzunahme gegenüber Ptolemäus beträgt 18° 59'. Eine Epoche ist nicht genannt; ZINNER setzt 1428 an, jedoch ist 1430 wahrscheinlicher.

Die Tafel erweist sich als Übertragung eines lateinischen Astrolabsternverzeichnisses von JOHANN VON GMUNDEN. Letzteres ist in einer längeren Version mit 52 Sternen sowie in einem Auszug mit nur 44 Sternen erhalten. Die 52-Sterne-Liste steht in ms München, Clm 10662, anno 1436, fol. 99ᵛ, 100ᵛ, 101ᵛ[2], als zweites Verzeichnis eingefügt in eine Abhandlung des RICHARD VON WALINGFORD über das Albion (cf. ZINNER, *Verz.* Nr. 11592). Sie ist sehr nachlässig geschrieben, enthält in den Koordinaten viele Fehler und weist zahlreiche Korrekturen von anderer Hand auf. Laut Überschrift ist sie berechnet für die Epoche 1430; die Längenzunahme gegenüber Ptolemäus beträgt 18° 59', genau wie in XVII a. Die

---

[1] Auf ein ähnliches, ebenfalls verdeutschtes Verzeichnis in ms München, Cgm 739, s. XV, fol. 101ʳ (ZINNER, *Verz.* Nr. 10233) soll hier wenigstens noch hingewiesen werden. Es enthält 31 Sterne für die Epoche 1424 mit Ekliptikkoordinaten; der Längenwert ist Ptolemäus +18° 56'. Die Tafel bricht unvollendet im Zeichen Sco ab. Das folgende Blatt 101ᵛ ist leer; anschließend folgen Tafeln anderen Inhalts. Ferner ist kürzlich auch eine deutsche Bearbeitung des ekliptikalen Astrolabsternverzeichnisses von JOHANN STOEFFLER bekannt geworden, cf. oben S. 5, Anm. 8. Zu beachten ist in diesem Zusammenhang auch das astrologische Lehrgedicht des LEONHART THURNEISSER, siehe oben Seite 25, Anm. 11.

[2] Auf fol. 100ʳ, 101ʳ, 102ʳ steht ein Verzeichnis von 47 Sternen mit Äquatorkoordinaten für 1432 von GEORG VON NEUBURG (cf. ZINNER, *Verz.* Nr. 2980).

verkürzte 44-Sterne-Liste findet sich in ms München, Universitätsbibliothek, 4° 738, anno 1438, fol. 10^{r-v} in einer Abhandlung des JOHANNES VON
GMUNDEN über die Herstellung und Verwendung des Astrolabs (cf. ZINNER,
Verz. Nr. 3593); hier ist als Epoche angegeben 1438, der Längenwert
beträgt Ptolemäus + 19° 3'. Bei den 44 ausgewählten Sternen handelt es
sich um die gleichen Sterne, die auch in XVII erscheinen, wobei in ms 738
die Reihenfolge nach aufsteigenden Längen auch innerhalb der Zeichen
streng eingehalten ist.

Dem Übersetzer und Bearbeiter von XVII muß also als Vorlage die
kürzere Version des Verzeichnisses von JOHANN VON GMUNDEN gedient
haben; sie muß bereits ähnliche Fehler und Unübersichtlichkeiten auf-
gewiesen haben wie ms 10662, so daß der Bearbeiter sich darin nicht mehr
richtig zurechtfinden konnte und seinerseits eine entsprechend korrupte
Liste erstellte.

Das Verzeichnis von Typ XVII steht an folgenden beiden Stellen:

a) München, Cgm 595, s. XV, fol. 59^v–60^r (ZINNER, *Verz.* Nr. 10241). Die 44
   Sterne sind fortlaufend numeriert; neben den Koordinaten (Länge und
   Breite) und der Größe ist auch zu jedem Stern der Auf- und Untergang ge-
   nannt[3].

b) Wolfenbüttel, Cod. Guelf. 81, 24 Aug. 2°, s. XV, fol. 29^r–31^v. Hier sind statt
   der Koordinaten nur „auff gang" und „under gang" angegeben. Die Reihenfolge der 44 Sterne weist einige Abweichungen gegenüber a auf. Zu jedem
   Stern gibt es eine schöne Miniatur des entsprechenden Bildes.

Die Wiedergabe erfolgt nach a mit ausgewählten Varianten aus b und
den Handschriften Clm 10662, Cgm 739 und ms 738. Die Angabe der Auf-
und Untergänge ist weggelassen.

(Lfd. Nr.)	(Namen)	(Länge)		(Breite)		(Größe)	Mod. Bez.
1	Mirach vmblicus An der näbel der mäd	Ari	22° 49	27° 20	+	3	β And
2	Panthaycacon : venter ceti Der bauch des vifch cethi		13° 59	20° 0	—	2	ζ Cet
3	Acarnar : finis fluxus Das end des flufß		19° 9	53° 30	—	1	ϑ Eri
4	Schede : pectus caffiopie Das hertz der junckfrawen		29° 49	46° 45	+	3	α Cas
5	Menckar : nares cethi Die näflöcher des vifch ceti	Tau	6° 39	12° 20	—	3	α Cet
6	Nazagul : caput gorgonis		18° 39	23° 0	+	2	β Per

---

[3] Ein vereinzelt dastehendes Verzeichnis, das neben der Mediation ebenfalls
Ortus und Occasus angibt, findet sich in Ulm, Stadtbibliothek, ms Sch 13884,
Magdeburg anno 1388, in einem Traktat über die Herstellung des Astrolabs (ZIN-
NER, *Verz.* Nr. 862). Es enthält 26 Sterne für die Epoche 1375.

(Lfd. Nr.)	(Namen)	(Länge)	(Breite)	(Größe)	Mod. Bez.
	Des neffels haubt vnd haiſt perſuus				
7	Algenib : latus dextrum perſij	21° 58	30° 0 +	2	α Per
	Die gerecht ſeit perſeus oder perſij				
8	Aldebrant : oculus uel cor thauri	29° 39	5° 10 —	1	α Tau
	Das hertz thaurus oder aug				
9	Alhaioth : hircus uel humerus agitatoris	Gem 13° 59	22° 30 +	1	α Aur
	Der pock oder die achſel				
10	Rigel algeuar : pes orionis	8° 49	31° 30 —	1	β Ori
	Der gerecht fûz orionis iſt ain man				
11	Algenire : humerus ſiniſtri orionis	12° 59	17° 30 —	2	γ Ori
	Die gelingt achſel orionis				
12	Artab uel alrocaba : vrſa minor	19° 9	66° 0	3	α UMi
	Der clainer perr				
13	Bedelgenze : humerus texter orionis	20° 49	17° 0 —	1	α Ori
	Der gerecht achſel orionis				
14	Aſchere alhabor : canis maior	Cnc 6° 39	39° 10 —	1	α CMa
	Der groſß hund				
15	Razalgenre : caput geminorum	12° 19	9° 40 +	2	α Gem
	Der zwiling haubt				
16	Nauis argo	6° 9	29° 0 —	1	α Car
	Das hinder rûdel des ſcheffs				
17	Alhabor [der]	18° 9	16° 10 —	1	α CMi
	Der clain hund				
18	Adube : clarior dorſum in vrſa maiori	Leo 6° 39	49° 0 +	2	α UMa
	Des groſſen pern rugk der gröſt vnd der :				
19	Alferat : lucida in idra	18° 59	20° 30 —	2	α Hya
	Der leichteſt vnder der waßerſchlangen				
20	Calberoch : cor leonis	21° 29	0° 10 —	1	α Leo
	Des leon hertz				
21	Cauda leonis	13° 29	32° 50 +	1	β Leo
	Des leon ſchwantz				
22	Denebalezech	Vir 18° 49	59° 0 +	1	η UMa
	Die tochter viritri				
23	Algorab : corpus et est in dextro vrſe	2° 29	24° 50 —	2	γ Crv
	Des rapen gerechten flügel				
24	Alchimech ſpica virginis	Lib 25° 39	2° 0 +	3	α Vir
	Der junckfrawen ächer				
25	Alramech : lanceator	15° 59	31° 30 +	1	α Boo
	Lantzen trager				

(Lfd. Nr.)	(Namen)	(Länge)		(Breite)	(Größe)	Mod. Bez.
26	Alfeta : in corona adagne Der leichteſt in der cron	Sco	3° 39	44° 30 +	1	a CrB
27	Calbalaccab : cor ſcorpionis Der ſchlangen haubt		7° 49	38° 0 —	2	
28	Caput herculi Des haubt herculi		22° 59	41° 10 +	3	
29	Des ſchlangen tragers haubt		27° 19	4° 0 +	3	
30	Nazalegne uel alhaue / des gelingen hand des ſchlangen tragers Des tracken haubt	Sgr	6° 39	17° 0 +	1	
31	Razdaben : caput ſerpentis / der voder fûz centaur Das haubt der ſchlangen		13° 49	36° 0 +	2	
32	Cor ſcorpionis Das ſcorpen hertz		1° 39	37° 30 +	2	
33	Cauda ſcorpionis Des ſcorpen ſchwantz		14° 8	13° 30 —	3	
34	Algedi in radice caude capri- corni Des ſtain pocks ſchwantz	Cap	11° 58	2° 10 +	3	
35	Wega : vvltur cadens Der vallent geir		6° 19	52° 0 +	3	a Lyr
36	Alkair : vvltur volans Der fliegent geir		22° 49	29° 10 +	3	a Aql
37	Delphin : nubiloſior et orieti Das mer ſchwein	Aqr	7° 23	32° 0 +	1	β Del
38	Denebalgedi : cauda capricorni Des ſtain pocks ſchwantz		13° 49	2° 0 —	3	γ Cap
39	Emfelferam : muſida equi peſag Das hinder tail des gazz		25° 59	23° 0 +	3	a PsA
40	Secundus equs pegaſus Das roſß pegaſus		24° 19	22° 30 —	1	ε Peg
41	Deneb adi gege : cauda galline Der hannen zagel		28° 9	60° 0 +	3	a Cyg
42	Markeb alferam : humerus equi Des roſß ſchulter	Psc	15° 39	19° 40 +	2	a Peg
43	ſchead alferam : crus equi Des roſß knie		21° 9	31° 0 +	2	β Peg
44	Deneb kaitan : cauda cethi Der ſchwantz des viſch ceti		24° 39	20° 20 —	1	β Cet

Anmerkungen

7: Der Längenwert ist derjenige der „Alphonsinischen Tafeln“. Diese Stelle macht deutlich, daß Johannes von Gmunden sein Verzeichnis offenbar nur durch die Addition einer Konstante (1° 51′) zu dem Längenwert der „Alphonsinischen Tafeln“ (= Ptolemäus + 17° 8′) errechnet hat; bei diesem Stern ist durch Zufall die Addition unterlassen worden.

8: Länge: Additionsfehler (die Grade sind vergessen); lies Gem 1° 39′.

9: Durch „hircus" wurde der Schreiber von Cgm 739 (Position 11) zu der Übersetzung „der hirſch…" veranlaßt.

11: Algenire ist eine korrupte Form von Algeuze; bei Johannes von Gmunden trägt der Stern den Namen Bellatrix (ms 738, Position 10; Clm 10662, Position 17). Auch Cgm 739, Position 15 bietet Bellatrix. b hat: humerus oriaunis ſiniſter et eſt bellator. Hier liegt offenbar der Übergang von „bellator" (eigentlich Bezeichnung des Sternbilds Orion, wohl aus der arabischen Paraphrase al-ǧabbār „der Gewaltige") zu dem später allgemein verbreiteten Sternnamen „Bellatrix".

12: Artab: der Schreiber konnte den Namen in seiner Vorlage nicht klar lesen und setzte daher das bekannte „alrocaba" zur näheren Erklärung hinzu. Die Länge ist auch bei Johann von Gmunden falsch (Clm 10662, Position 16: Gem 20° 59′; ms 738, Position 13: Gem 21° 3′; auch Cgm 739, Position 14 falsch: Gem 20° 56′); lies Gem 8° 49′.

15: Der Name (arab. ra's al-ǧawzā' „Kopf der ǧawzā'") bezeichnet eigentlich λ Ori. Infolge der Doppelwertigkeit von al-ǧawzā' (bald „Orion", bald Zeichen „Zwillinge") wird er auch oft für den „Kopf der Zwillinge" verwendet.

16: Cgm 739, Position 20 gibt auch den arabischen Namen: Suel (= suhayl). Die Breite erscheint an allen Stellen falsch; lies —75° 0′.

17: Irrtümlich der Name von Nr. 14 wiederholt. Cgm 739, Position 18 hat: Aſchere algomeyſa.

20: Breite lies +.

21: Länge: Bereits hier beginnt Vir.

22: Denebalezech gehört zu Nr. 21; „Die tochter viritri" aus „filia(e) feretri" zu banāt na'š „Töchter der Bahre" (= Benetnasch). Größe lies 2.

23: Länge: Bereits hier beginnt Lib. Breite an allen Stellen falsch; lies —14° 50′. Größe lies 3.

24: Länge lies 15° 39′; Breite lies —; Größe lies 1.

26: Größe lies 2.

27–34: Bei diesen acht Sternen herrscht völlige Verwirrung. Sie sind folgendermaßen zu ordnen:

27. – – – Der ſchlangen haubt	Sco 7° 49	38° 0 +	4	a Ser
28. – – – des gelingen hand des ſchlangen tragers	Sco 23° 59	17° 0 +	3	δ Oph
29. – – – der voder fůz centaur	Sco 27° 19	41° 10 —	1	a Cen
30. Caput herculi Des haubt herculi	Sgr 6° 39	37° 30 +	3	u Her
31. Nazalegne uel alhaue Des ſchlangen tragers haubt	Sgr 13° 49	36° 0 +	3	a Oph
32. Calbalaccab: cor ſcorpionis Das ſcorpen hertz	Sgr 1° 39	4° 0 —	2	a Sco
33. Cauda ſcorpionis Des ſcorpen ſchwantz	Sgr 16° 29	13° 20 —	3	λ Sco
34. Razdaben: caput ſerpentis Des tracken haubt (Das haubt der ſchlangen)	Sgr 18° 39	75° 30 +	3	γ Dra

27: Cgm 739, Position 31: Razalangue Das haubt der ſchlangen; ms 738, Position 27: Razd alangue (= Name von Nr. 31).

28: Cgm 739, Position 30: Yed Dy linck handt des ſlangentragers. Länge: ms 738, Position 28: Sco 23° 3 (zu erwarten 24° 3); Clm 10662, Position 35: Sco 22° 59 (zu erwarten 23° 59); Cgm 739, Position 30: Sco 22° 56 (zu erwarten 23° 56).

30: ms 738, Position 31: Razdalgethi (arab. *ra's al-ǧāṯī* „Kopf des Knienden").

31: ms 738, Position 32: Razdalhawe (arab. *ra's al-ḥawwā'* „Kopf des Schlangen-trägers"). Die Form auf -alangue, die aus dem gleichen arabischen Namen her-vorgegangen ist, wird für den „Kopf der Schlange" verwendet, wobei eine Assoziation zu „anguis" bestanden haben mag. Die richtige Etymologie war den Wiener Autoren jener Zeit nicht bekannt.

34: Razdaben: arab. *ra's at-tinnīn* „Kopf der Schlange".

35: Breite lies 62° 0; Größe lies 1.

36: Größe lies 2.

37: Die Glosse geht über VIII 41 letztlich zurück auf VI 34. Länge lies 7° 29; Größe lies 3.

39: Die Koordinaten gehören α PsA, der auch bei Johann von Gmunden aufgeführt ist (ms 738, Position 39: ffomahant .i. poſtremum fuſionis aque). Der Schreiber von XVIIa hat die Namen von Nr. 40 fälschlich in die vorangehende Zeile eingetragen.

40: Breite (—) und Größe (1) gehören zu Nr. 39, die dortigen (+, 3) hierher.

41: Größe lies 2.

42: Der Name gehörte eigentlich zu Nr. 43 (arab. *mankib al-faras* „Schulter des Pfer-des").

43: Der Name ist aus einer falschen Astrolabinterpretation künstlich gebildet; cf. KUNITZSCH, *Sternnamen* p. 176, Nr. 122 und p. 203, Nr. 177. Diese Prägung scheint also auf die Wiener Schule, JOHANN VON GMUNDEN, zurückzugehen.

44: Größe lies 3.

INDICES

a) Sternnamen, lateinisch

(Nicht aufgenommen sind die „Noua nomina" aus VIII i und die deutschen Bezeichnungen von XVII, sowie sämtliche Glossen)

albere algumaice XIII 6
albere alhabor XIII 5
albinti III 3
alborap VIII 25
alcab aram XIII 19
alcace alhabor XIII 5
alcahirr III 4
alcair VII 24
alcanech IX 16
alcare algumace XIII 6
alcayr XI 23
alcayt IV 16
alchaioch VII 6
alchimeachi III 13
alchimec VIII 26
alchimech VI 25, IX 16, XI 15, XVI 40,
    XVII 24
alchimech ab arace VI 26
alchimech alazel XIII 8
alchimech alramech XIII 9
alchimech altinnech XIII 9
alchimeh arramech VI 26
alchiniech VIII 26
alchmiechalminec XIII 9
alchmieth VIII 26
alchomeisa IX 8
alciamech Anm. zu IV 15
alcimec III 12
alclar VIII 36
alcorab VIII 25
aldabar IX 4
aldarfa XIII 35
aldebaram VI 10
aldebaran I 2, II 2, V 1, VI 10, VIII 9,
    IX 4, XI 3, XIII 1, XIV 1, XV 3
aldeberan XVI 13
aldeboran XIV 1
aldebran X a^1 3, X a^2 3
aldebrant XVII 8
alderach IX 10
alderaimin VI 1
aldevaran III 19
aldheraymin VI 1
aldigege VI 36, VII 25, VIII 39
aldiraan III 22, XI 10
aldirab VIII 42, IX 23
aldiran VI 19a, VIII 18, VIII 42, VIII q 18
aldirap X a^2 16
aldramin VI 1
alduam VIII 18
aldul VIII 18
aleif XI 24
alfarat VIII 19
alfard VIII q 16, IX 11, XII 21, XV 12

alfart VI 20, VII 13, VIII 19
alfeca VIII 29
alfecat III 2
alfegerimek XVI 72
alferait III 6
alferam VI 2, VII 13, VII 30, VIII 46
alferan VIII 46
alferat III 6, VII 13, XVII 19
alferath Anm. zu IV 25
alferaz VII 13, VIII 46, XI 27
alferaz mentel VII 30
alferaz menthel VII 30
alfeta I 17, XVII 26
alfike septentrionalis XV 20/21
alfita VIII 29
alforat X a^2 8
alfrab XII 21
alfraba XII 21
alfrad VI 20
alfrath VIII 19
algaihuc XV 5
algamam XII 6
algamensa VIII 15
algarap IX 14
algari XI 14
alge VII 9
algeba XII 7
algebaha Anm. zu III 22
algebim ym VII 3
algebin VII 3
algeb ymin VI 8
algedi (XVII 34)
algemb VI 8
algember VIII 7
algeme VIII 12, XI 6
algemen XI 6
algems VII 3
algemze VIII q 7
algen XI 2
algenb VIII 7
algengen III 20
algenib VI 8, VII 3, VIII 7 (auch q 5),
    XVI 12, XVII 7
algenier XI 6
algenire XVII 11
algenre VIII 12
algenze X a^1 8
algerab VIII 7
algerma XVI 71
algetanar VI 9
algetenar VIII 8
algetener VIII q 6
algetenor VIII 8
algeuie XI 6

alphor XVI 54
alphorak IX 9
alphorat X e 16
alramech III 1, VI 26, VII 17, VIII 28,
    IX 17, X a¹ 16, X a² 12, XI 17, XV 18,
    XVI 39, XVII 25
alramech iaculum XII 9
alrameh I 6, XII 9
alrameka XII 9
alramer XI 17
alrameth XII 9
alramuh II 6
alreb VIII 15
alrif III 8, VIII 38, XI 24
alrifi XVI 65
alrocaba XVII 12
alrucaba VIII 21, XI 13, XVI 17
alsehere VIII 15
altagir IX 22
altagor IX 22
altahir III 4, XI 23
altahu VIII 36
altair III 4, VI 33, VIII 36
altair abazra III 4
altam VIII 36
altap XVI 11
altarfa XIII 35
altayr XII 12, XVI 58
altebanar VIII 9
altebaran VII 2
altimech IX 16
altoxhirpabiatus III 4
alugetanar VI 9
alvicra VI 32
alwaca VI 32
alwarap XVI 47
alwega VI 32, VII 23
alyahor X a² 5
alzap XVI 44
alzarcha XVI 34
alzarfa Anm. zu XIII 35
alzinic III 12
anaore XII 32
anasel arcenkaista XIII 10
anath XIV 32
anathre XII 32
anatire XII 32
anazaliaka V 11
anchetenach VIII 8
anderaf IX 23
angetenar VI 9, VIII 8
annazel alvuaza XIII 10
annazel alwalza XIII 10
anne algulab XIII 23

annesir elgueca XV 25
annesir ettair XV 26
antecedens brachia I 16
aramech XII 9
araranathair V 16
archimet alicanet XIII 9
archob araim XIII 19
archob araym XIII 19
archophylax XII 9
arcob arami XIII 19
arfart VIII 19
argek XVI 63
arif VI 36
arigil VIII 11
arramech Anm. zu IV 17
arrami II 38
arrēdef II 10
arremach XV 18
arrocha II 24
arrucaba III 26
arsarfa XIV 8
artab XVII 12
artab eleymen XIII 25
artob araim XIII 19
artob eleimen XIII 25
arucalba III 26
asaare V 5
asarfa X a¹ 15, XIV 8
ascae alhaber XIII 5
ascaie alhabor XIII 5
ascare algmualce XIII 6
ascare algumaice XIII 6
ascare alhabor XIII 5
aschere algomeysa XVII 17
aschere alhabor XVII 14
aschimech VI 26
assaharch XII 10
astif VIII 38
atau III 4
atayr II 9
augekanar VIII 8
augetanar VIII 8
augetena VIII 8
augetenay VIII 8
aune algorab XIII 23
azerfa XVI 25
azimazel aluzalza XIII 10
azimecalazel V 9
azimecaramech V 10
azimech VII 18
azubrok XVI 64

babukartor VIII 2
bacarcaldos VI 3

bacelgohol V 14
bacelmara V 13
balzangense VII 10
barta serpentis IV 11
batenkaitoz VI 3
batenkaytoz VIII 2
batfaben VIII 34
bathebiro VIII 2
batncaytos XVI 3
bazalegile VII 22
baztaben VIII 34
beaauar VIII 27
beastaben VII 21
bedalferam Anm. zu VI 39
bedalferaz VI 39
bedalgeuze VI 13
bedelgenze XVII 13
bedelgeuze VII 7
beken XVI 27
beldegense VII 7
beldergenze VII 7
bellator XII 3, Anm. zu XVII 11
bellatrix S. 11, XII 4, XVII 11
benbalezet VII 14
benebaliz Anm. zu IV 26
benech nááss III 10
benenah XI 16
benenas III 10
benenaz VI 23, XII 23 a
benethnaç VI 23
benetnas XVI 36
bennenaz VII 16, VIII 27
bennenez VII 16
bennenos I 19
ben'znar VI 23
bigel algeoze VII 5
biuacaba XVI 51
boetes XII 9
brachium ... XV 29
brachium dextrum IV 8
brachium geminorum XV 6
brachium sinistrum IV 9
budepcaton III 18
bunliaz VI 23
bunnas VII 16
bunnenaz XI 16

cage XII 36
cagealaei XII 36
cageala equi XII 36
cagealla equi XII 36
cageula equi XII 36
calba alia acrab III 11
calbagra Anm. zu IV 19

calbagrab III 11
calbalaccab XVII 32
calbalaced XVI 33
calbalacer XIII 7, XVI 29
calbalacet XI 12
calbalacrab II 11, VI 29, VII 20, VIII
    32, XIII 17, XV 23
calbalagrab XI 20
calbalatiap XIV 24
calbalaze III 23
calbalesed XV 13
calbalezed VII 12, VIII 20
calbatrab VIII 32
calbatral VIII 32
calbazedan III 23
calbazen XVI 48
calbelezed VI 21
calberoch XVII 20
calbolagar XI 20
calbolhom XIII 22
canf IX 2
canis X a¹ 9, XII 34
capud aigol XIV 15
capud alcan XII 35
capud algol XII 15
capud algor XII 15
capud alkau XII 35
capud allgol I 1
capud argolis XII 15
capud ataom retro XIV 19
capud geminorum antecedens XII 18
capud geminorum subsequens XII 19
capud halah XII 35
capud mulieris XII 14
capud scorpionis IX 18 a
capud serpentarii I 21
caput aigol XIV 15
caput alay XII 35
caput albau XII 35
caput alchan XII 35
caput alfiran XII 35
caput algol XVI 10
caput alhai XII 35
caput alhalba XI 21
caput alhav XII 35
caput alhay XII 35
caput alkan XII 35
caput alnayn XII 35
caput alsia' XII 35
caput arietis VI 6, XVI 6
caput ataom delatum XIV 18
caput draconis IV 2
caput galalfrad XII 21
caput herculi XVII 30

hepnemam VIII 27
heynelheye II 22
hon'at t're XII 32
hueqbanayre II 42
humerus IX 25
humerus equi I 15, X a¹ 21, X a² 17, XI
    28, XII 28, XIV 28, XVI 70
humerus geminorum I 13, III 20, XIV 4
humerus orionis XII 4
humerus orionis dexter XII 4
humerus orionis sinister XII 16
humerus scorpionis sinister XII 16
humerus sinister petentis XIV 17
humerus sinister saltatoris XVI 50

iacferem alferam XIII 28
iathfelez alferaz XIII 28
idenbrez aldigega XIII 31
innazel alhalza XIII 10
innazel altayr XIII 11

jachefeleiz alferaz XIII 28
jachfeler al... XIII 28
jachfelez alferaz XIII 28
jaffeleçal feram XIII 28
jod IX 18
juba equi X a¹ 20

kalbalatrall XIII 17
kalbalhouz XIII 22
kalbazonem XIII 22
kalbolheuz XIII 22
kanapos XVI 19
kathat aram XIII 18
kayr IX 22
kaza VI 15
ked algenge VI 13

lancea IV 17
latus leuantis XII 20a
latus leuantis caput algol XII 20a
leselgenze VIII 14
libedeneb VIII 40
libedeydop VIII 40
libideneb XI 25
lidinep III 18
liedideneba III 18
longo XI 2
luminosior... lancis libre meridionalis
    XVI 45
luminosior... lancis libre septentrionalis
    XVI 46
lucida aliarum XII 34
lucida halah XII 34

lucidum alahan XII 34
lucidum alahana XII 34
lucidum alahanna XII 34
lucidum aliama XII 34
lucidum alianna XII 34
lucidum aliantha XII 34
lucidum alius ianno XII 34
lucidum allianna XII 34
lucidum allianno XII 34
lucidum allinano XII 34
lucidum alunano XII 34
luciph(er) alunni XII 34
lucrum XII 34
lybedeneb VIII 40

machanastaraz V 18
makap alphepheram XIII 21
makar alphephera XIII 21
malauxe VI 13
malbalozoda VII 12
maleidee III 20
malerixe III f 21
maleuçe III 20
maleuxe III 20
maleuze III 20
malgevze III 20
malkanabar V 4
manchalangauze III 20
mangamal III h 11 a
mankab alferaz XIII 21
mankib algebar XIII 4
mankyp algevar XIII 4
manlib algeuar XIII 4
manlub algebir XIII 4
manrab algebar XIII 4
manus leprosi IV 4
manus m'tis (?) III 2
manus ursi IV 10
manu tenens lora XIV 30
manzeb VI 17
margwas XVI 61
marieb VI 17
markab alferas S. 10, Anm. 17
markeb VI 17, XVI 23
markeb alferam XVII 42
markel VIII 16
markep VIII 16
martaben VIII 34
martrap VIII 16
mechibalgebar XIII 4
mekebalfera VIII 47
mekebalferaz VI 39
melanze III 20
melzar VIII 6

precedens azubein XII 22
precedens azubene XIV 22
precedens azubeneyn XII 22
precedens azulein XII 22
precedens azvbe benevn XII 22
precedens cubenen XII 22

qeuqebelleul II 39

racarbein VIII 14
racaten VI 31
raçatoil alinnt XIII 15
racatoy incalimal XIII 16
raç elgençe VI 15
rachacaran XIII 18
rachat aram XIII 18
rachet eami XIII 18
rachfilez alferam XIII 28
rachuilem alfecoz XIII 28
racubeiçaldegiba XIII 31
rafaligence VIII 14
ragel XI 5
raglesiosen V 2
rahalen XIII 27
rahtaben VIII 34
raicilam XIII 27
ram alhadde VI 30
raragul XIII 14
raralgaure XIII 32
rartaben VII 21
raselgul X V 2
ratat aram XIII 18
rathncaytoz II 28
raz VI 15
razachenne XIII 16
razachosi alimial XIII 15
razacone almusar XIII 15
razaguel XIII 14
razagul XIII 14
razalam XIII 27
razalangue VI 30, XVII 27
razalas XIII 27
razalaz XIII 27
razaldilalmualhar XIII 15
razalegile VII 22
razalegue VII 22, VIII 33
razalevze VIII 14
razalgauze XIII 32
razalgenre XVII 15
razalgenze VII 10
razalgeuze VIII 14, XVI 22
razalgewe VI 30
razalhaue VI 30
razathoimon almua XIII 16

razathoimun almual XIII 16
razathomion XIII 16
razathomion almual XIII 16
raz athonuam almuh XIII 16
razathoum almualhar XIII 15
razatoil almualhar XIII 15
razatoimo alimal XIII 16
razatone aluna XIII 16
razatoum XIII 15
razcaben VI 31, VIII 34
razd VI 15
razdaben VIII 34, XVII 34
razd alangue XVII 27
razdalgethi XVII 30
razd alhawe VI 30
razdalhawe XVII 31
razebgenze VI 15
raz elmare XIII 13
razelmire XIII 13
razelmus XIII 13
raztaben VII 21, VIII 34
raztabez addigega XIII 31
raztaten VIII 14
red IX 18
regle caytoz II 43
relie lelieuze II 13
richel VIII 11, IX 5
rigel III 15, V 13, X a¹ 5, X a² 4
rigel algenze VII 5
rigel algeuar XVII 10
rigel fulgentis VII 5
rigelgeuse XV 4
rigil VIII 11, XIII 2, XVI 14
rigilal VIII 11
rigil algebar XIII 2
rigil algebre VII 5
rigil algeuze VI 11
riohel III 15
robzarcaben XVI 32
rocubez aldigega XIII 31
roeubez aldigega XIII 31
rostrum galline XVI 59
rozangente VIII 14
rozubez aldigega XIII 31
rucbit errami XV 24
rygil algevte VII 5
rygyl VIII 11

sagita alhau XI 21
sagittarius XII 39
sagitta sagittans XII 39
sagitta sagittarii XII 39
scaulech alarab XIII 30
sceac IX 24

zeball XVI 66

zeglelieuze II 29

zeneb adigeba XIII 20

zeneb algedi VI 35

zeneb calcos VI 40

zeneb camuz XIII 29

zochor XVI 53

zuheil II 45

b) Sternnamen, arabisch

(soweit sie in arabischen Quellen stehen oder als Etyma lateinischer Namen in den übersetzten lateinischen Tafeltypen infrage kommen)

al-'abūr I A 6, II 4, III 14, VI 14, XIV 5, XV 8

āḫir an-nahr S. 7, XV 1

al-a'lā min al-farǧ XII A 29

'anāq al-arḍ XII A 32

anf VI 6, VI 37

anf al-faras VI 37

'arǧat an-nahr (?) VI 9

'ayn al-'aqrab XV 22

'ayn al-ḥayya II 22

'ayn ar-rāmī XIII 34

'ayn aṭ-ṭawr IV 3, XIII 1

al-'ayyūq S. 7, I A 4, II 3, III 25, IV 5, V 3, VI 12, XII A 3, XIII 3, XIV 3, XV 5

al-a'zal I 7, II 7, IV 15, XII A 9, XIV 9, XV 17

banāt na'š I 19, III 10, VI 23

baṭn qayṭus II 28, III 16, IV 1, VI 3

ad-dabarān S. 7, I A 2, II 2, III 19, V 1, VI 10, XII A 1, XIII 1, XIV 1, XV 3

ad-dubb VI 18

(ad-)dulfīn II 21, III 5, IV 23, VI 34

aḍ-ḍafīra XIII 35

danab al-asad II 19, VI 22, XV 16

danab ad-daǧāǧa IV 25, V 17, XII A 28, XIII 20, XV 28

danab ad-dulfīn S. 7

danab al-ǧady II 26, III 18, IV 26, VI 35

danab al-ḥamil XIV 16

danab al-ḥūt XII A 30, XV 27

danab al-kalb II 33

danab qayṭus II 27, III 17, IV 29, VI 40, XIII 29

daqan aš-šuǧā' IV 11

al-fakka S. 7, I 17, III 2, IV 18, VI 27

fam al-ḥūt S. 7, V 12, XIV 13, XV 27

fam al-ḥūt al-ǧanūbī XII A 12, XIII 12

faqār al-ḥayya S. 7

faqār aš-šuǧā' XV 12

al-faras III 6, VI 2

al-fard S. 8, Anm. f; VI 20, XII A 21, XV 12

al-fard min 'unq aš-šuǧā' XII A 21, XIV 21

al-ǧabha III 22 Anm., XII 7 Anm.

ǧabhat al-'aqrab XV 22

ǧaḥfalat al-faras XII A 36, XIII 28

ǧanāḥ al-faras II 25

ǧanāḥ al-ǧurāb IV 14

al-ǧanb VI 8

al-ǧanb al-ayman VI 8

ǧanb al-ḥāmil XIV 16

ǧanb ḥāmil ra's al-ǧūl XII A 15

al-ǧūl II 1, III 24

al-ǧumayṣā' I A 7, II 5, III 21, V 6, VI 16, XII A 6, XIV 6, XV 11

al-ǧurāb III 13, VI 24

al-ḥāwī II 20, III 3

al-ḥaḍīb I 18, II 17, III 7

al-iklīl VI 27, VIII 30

ka'b al-faras S. 31, Anm. 2

al-kaff al-ǧaḏmā' IV 4

al-kaff al-ḥaḍīb S. 7, I A 21, IV 28, XV 30

kaff mumsik al-'inān XII A 17, XIV 30

katif mumsik al-'inān al-yumnā XII A 17

al-kiffa II 30

al-kiffa al-ǧanūbīya XV 20

al-kiffa aš-šamālīya XV 21

mankib al-faras S. 7, I A 20, II 14, IV 27, V 18, VI 39, XII A 29, XIII 21, XIV 28, XV 29

mankib al-ǧabbār V 4, XII A 4, XIII 4

mankib al-ǧabbār al-aysar XII A 16, XIV 17

mankib al-ǧawzā' S. 7, I A 5, II 12, III 20, IV 7, XIV 4 (?), XV 6

markab VI 17

maṣabb al-mā' II 34

masāf an-nahr S. 8, Anm. e

matn al-asad XV 15

miǧdāf as-safīna (?) XV 14

minḫar VI 7

mi'zar VI 4

al-mu'aḫḫar minhumā XII A 23

mu'aḫḫar az-zubānayn XIV 23

c) Sterne

ANDROMEDA (And) α (= δ Peg, siehe dort)
  β: V 19, VI 4, VIII 1, IX 1, X a² 1, XII A 30, XII 30, XIII 22, XIV 29, XVI 5, XVII 1
  γ: XII A 32, XII 32, XVI 8
AQUARIUS (Aqr) β: XVI 63
  γ: XVI 66
  δ: VI 38, VII 29, VIII 45, IX 24
  ζ: XVI 67
  λ: II 34
  ν: XVI 61
AQUILA (Aql) α: I A 17, II 9, III 4, IV 24, V 16, VI 33, VII 24, VIII 36, IX 22, X a¹ 18, XI 23, XII A 27, XII 12, XIII 11, XIV 12, XV 26, XVI 58, XVII 36
ARIES (Ari) α: VI 6, VIII 4, IX 2, XVI 6
  β: XII A 31, XII 31, XIII 24, XIV 32
AURIGA (Aur) α: I A 4, II 3, III 25, IV 5, V 3, VI 12, VII 6, VIII 10, IX 6, X a¹ 4, X a² 5, XI 4, XII A 3, XII 3, XIII 3, XIV 3, XV 5, XVI 16, XVII 9
  β: XII A 17, XII 17, XIV 30, XVI 17
  γ (= β Tau): XII A 33, XII 33, XIII 25
  ι: XVI 15
BOOTES (Boo) α: I A 13, II 6, III 1, IV 17, V 10, VI 26, VII 17, VIII 28, IX 17, X a¹ 16, X a² 12, XI 17, XII A 10, XII 9, XIII 9, XIV 10, XV 18, XVI 39, XVII 25
CANCER (Cnc) ε: XIII 33
CANIS MAIOR (CMa) α: I A 6, II 4, III 14, IV 8, V 5, VI 14, VII 8, VIII 13, IX 7, X a¹ 9, X a² 6, XI 7, XII A 5, XII 5, XIII 5, XIV 5, XV 8, XVI 20, XVII 14
  ζ: (II 43?)
  η: II 33
  ϑ: II 32
CANIS MINOR (CMi) α: I A 7, II 5, III 21, IV 9, V 6, VI 16, VII 9, VIII 15, IX 8, X a¹ 10, X a² 7, XI 8, XII A 6, XII 6, XIII 6, XIV 6, XV 11, XVI 24, XVII 17
CAPRICORNUS (Cap) $\alpha^{1,2}$: XVI 60
  γ: XVII 38
  δ: (II 26?), III 18, IV 26, VI 35, VII 26, VIII 40/44, XI 25
CARINA (Car) α: II 45, XV 7, XVI 19, XVII 16
  χ: XV 14, XVI 30
  f: XVI 34
CASSIOPEIA (Cas) α: VI 5, VIII 49, XVII 4
  β: I A 21, II 17, III 7, IV 28, (XV 30)
CENTAURUS (Cen) α: XVI 42, XVII 29
  β: XVI 47
  δ: XVI 41
CEPHEUS (Cep) α: VI 1, VIII 42, IX 23, X a² 16
CETUS (Cet) α: (II 41?), IV 4, VI 7, VII 4, VIII 6, IX 3, X a² 2, XVI 9, XVII 5
  β: VI 40, VII 31, XII A 37, XII 37, XIII 29, XVI 72, XVII 44
  ζ: II 28, III 16, IV 1, VI 3, VII 1, VIII 2/3, XI 1, XVI 3, XVII 2
  η: (II 31?), XVI 1
  ϑ: (II 31?), XVI 2
  ι: II 27, III 17, IV 29, VIII 48, IX 26, X a¹ 22, XI 29, XVI 71
COLUMBA (Col) α: (II 35?)
  β: (II 36?)
COMA BERENICES (Com) h: XIII 35

δ ($= \alpha$ And): V 13, VI 2, XII A 13, XII 14, XIII 13, XIV 14, XV 30

    ε: VI 37, VII 28, VIII 43, X a¹ 20, XII A 36, XII 36, XIII 28, XVII 40

    ζ: XVI 68

    η: XVI 69

PERSEUS (Per) α: VI 8, VII 3, VIII 7, X a¹ 1, XI 2, XII A 15, XII 20a, XIV 16,
    XVI 12, XVII 7

    β: I A 1, II 1, III 24, IV 2, V 14, XII A 14, XII 15, XIII 14, XIV 15, XV 2,
    XVI 10, XVII 6

    ε: II 24

    o: XVI 11

PISCIS AUSTRINUS (PsA) α: V 12, XII A 12, XII 13, XIII 12, XIV 13, X V 27,
    XVI 64, XVII 39

PUPPIS (Pup) ζ: XVI 25

    ϱ: VI 17, VIII 16

    τ: XVI 23

SAGITTARIUS (Sgr) α: XII A 25, XII 25, XIII 18, XIV 25, X V 24, XVI 55

    β: II 44, XII A 26, X II 26, XIII 19, XIV 26, XVI 57

    ε: XVI 53

    ζ: (II 38?)

    λ: XVI 54

    $\mu^{1,2}$: XII 39

    $\nu^{1,2}$: XII 40, XIII 34

SERPENS (Ser) α: II 22, IV 19, XVII 27, S. 24, Anm. 7 und 8

SCORPIUS (Sco) α: I A 15, II 11, III 11, IV 20, V 15, VI 29, VII 20, VIII 32,
    X a² 14, XI 20, XII A 24, XII 24, XIII 17, XIV 24, X V 23, XVI 49, XVII 32

    β: VIII 30, XI 19, XV 22

    ε: (II 39?)

    λ: (II 40?), XII 38, XIII 30, XVII 33

TAURUS (Tau) α: I A 2, II 2, III 19, IV 3, V 1, VI 10, VII 2, VIII 9, IX 4, X a¹
    3, X a² 3, XI 3, XII A 1, XII 1, XIII 1, XIV 1, X V 3, XVI 13, XVII 8

    β ($= \gamma$ Aur, siehe dort)

    Plejaden: X a¹ 2

TRIANGULUM (Tri) β: XVI 7

URSA MAIOR (UMa) α: VI 18, VII 11, VIII 23, X a¹ 13, XVII 18

    β: XVI 26

    ζ: XVI 32

    η: I A 11, II 18, III 10, IV 16, VI 23, VII 16, VIII 27, XI 16, XVI 36, XVII 22

    ϑ: III 26, VIII 21, IX 12, XI 13

    ι: IV 10, S. 24, Anm. 6

    μ: (II 23?), (III 27?), IV 13, VI 19, VIII 17, XI 9

URSA MINOR (UMi) α: XVII 12

VELA (Vel) γ: XVI 27

VIRGO (Vir) α: I A 12, II 7, III 12, IV 15, V 9, VI 25, VII 18, VIII 26, IX 16,
    X a¹ 15, XI 15, XII A 9, XII 10, XIII 8, XIV 9, X V 17, XVI 40, XVII 24

    β: XVI 35

d) Präzessionswerte (Längenzunahme gegenüber Ptolemäus), chronologisch

+ 6° 38′ : anno 622   (Typ X V, Ibn Kammād)

  12° 42′ : anno 964   (aṣ-Ṣūfī, Fixsternbuch)

  12° 40′ : anno 978   (Typ I A, Maslama)

$(14° 3')$: anno 1080/1 (Beobachtung Azarquiel, α Leo steht in Leo $16° 33'$, d.h. Ptolemäus $+ 14° 3'$; cf. S. 73, Anm. 5)

$14° 7'$: ca. 1070 (Typ XII)

$14° 20' (22', 23')$: ca. 1180? (Typ XII A)

ca. $14° 38'$: anno 1145/6 (Typ XII H)

$14° 55' (15° 7')$: anno 1181/2 (Typ XIII)

$14° 55'$: anno 1181/2 (Typ XIV)

$15° 10'$: ca. 1200 (Typ V)

$(15° 30')$: anno 1246 (Beobachtung Johann von London, α Leo steht in Leo $18° 0'$, d.h. Ptolemäus $+ 15° 30'$; cf. VI 21)

$16° 7'$: anno ? (Typ XIIr)

$(16° 40')$: anno 1316 (Angeblich Auszug aus Azarquiel, cf. S. 77)

$17° 8'$: anno 1276 (Alphonsinische Tafeln; Astrolabsterne nach aṣ-Ṣūfī in der alphonsinischen Redaktion, cf. S. 6, Anm. 10)

$17° 30'$: anno 1314 (27 Sterne in Amplon. $4° 369$, fol. 203vb, neben VIIIn: spätes Verzeichnis eigener Prägung, nicht unter die bekannten Typen einzuordnen; mehrere Sterne $+ 17° 40'$)

$17° 44'$: anno 1395 (Typ VIIIq)

$18° 49'$: anno ? (Typ XVI)

$18° 56'$: anno 1424 (Deutsches Verzeichnis, München Cgm 739, cf. S. 111, Anm. 1)

$18° 59'$: anno 1430 (Typ XVII; Johann von Gmunden, München Clm 10662, cf. S. 5, Anm. 8)

$19° 3'$: anno 1438 (München, Univ.-Bibl. $4° 738$, Johann von Gmunden, cf. S. 5, Anm. 8)

$19° 38'$: anno ? (Johann von Gmunden, Astrolab, ms Stuttgart math. $4° 32$, cf. S. 5, Anm. 8)

$19° 38'$: anno 1500 (Johann Stoeffler, Astrolab, cf. S. 5, Anm. 8)

e) Mediationen, chronologisch

		für α Tau	für α Leo	für α Vir
978	(I A)	Tau $26° 34'$	Leo $14° 20'$	Lib $7° 30'$
	III	Tau $27°$	Leo $18°$	Lib $8°$
ca. 1134	IV	Tau $30°$	Leo $18°$	Lib $12°$
1181/2	XIII	Tau $26° 24'$	Leo $20° 13'$	Lib $9° 36'$
(nach 1246)	VIII	Tau $29°$	Leo $20°$	Lib $10°$
	IX	Tau $29°$	Leo $19° 5'$ $(19° 25')$	Lib $23° 10'$
	X a¹	Gem $2°$	Leo $20° 30'$	Lib $15°$
	X a²	Gem $1° 26'$	Leo $21° 31'$	– – –
	XI	Tau $28°$	Leo $18°$	Lib $9°$
1428	Jean Fusoris (cf. S. 5, Anm. 8)	Gem $2°$	Leo $21°$	Lib $14°$
	Johann von Gmunden (cf. S. 5, Anm. 8)	Gem $2° 21'$	Leo $21° 24'$	Lib $15° 16'$
1432	Georg von Neuburg (cf. S. 5, Anm. 8)	Gem $2° 50'$	Leo $21° 30'$	Lib $14° 40'$
1500	Johann Stoeffler (cf. S. 5, Anm. 8)	Gem $3° 18'$	Leo $22° 11'$	Lib $15° 13'$

f) Handschriften

Avranches, 235, fol. 9^v–10^r: IIIe
Avranches, 235, fol. 73^r: IIIs
Basel, Universitätsbibliothek, O. II. 7, fol. 161^v: XIIIa
Bernkastel-Kues, Cusanusstift, ms 207, fol. 112ra: cf. ad X 2
Bernkastel-Kues, Cusanusstift, ms 209, fol. 77va: VIIo
Bernkastel-Kues, Cusanusstift, ms 211, fol. 22^r: Johannes de Lineriis – Nikolaus von
    Heybech, siehe Anm. zu VI 39; fol. 32vb: Xb.
Brügge, 522, fol. 68^r: XIg
Brüssel, Bibliothèque Royale, 10123, fol. 129^v: Xf
Cambridge, Fitzwilliam Museum, Mac Clean 165, fol. 88^v: IIIt
Cambridge, Trinity College, R. 15. 18, fol. 83^{r-v}: XVIa
Cambridge, Universitätsbibliothek, Hh. 6. 8, fol. 236: XIa
Cambridge, Universitätsbibliothek, Hh. 6. 8, fol. 236: Va
Cambridge, Universitätsbibliothek, Ii. 3. 3, fol. 70^v: VIIIa
Cambridge, Universitätsbibliothek, Ii. 3. 3, fol. 71^r: VIIa
Darmstadt, 765, fol. 137^v: XIII c
Darmstadt, 765, fol. 214^r: XIIb
Darmstadt, 947, fol. 169^v–170^r: IIIm
Darmstadt, 2661, fol. 156^v: XIe
Darmstadt, 2661, fol. 157^r: VIIb
Einsiedeln, Stiftsbibliothek, 29 (Msc 878), p. 121: XI l
Einsiedeln, Stiftsbibliothek, 29 (Msc 878), p. 121–122: VIII l
Einsiedeln, Stiftsbibliothek, 29 (Msc 878), p. 122–123: VIIn
Erfurt, Amplon. 2° 38, fol. 2^r: XIIr
Erfurt, Amplon. 2° 38, fol. 2^v: XIb
Erfurt, Amplon. 2° 376, fol. 89ra: XIm
Erfurt, Amplon. 2° 376, fol. 89^{r-va}: VIIIm
Erfurt, Amplon. 2° 376, fol. 89vb: VIIm
Erfurt, Amplon. 4° 351, fol. 55: S. 77
Erfurt, Amplon. 4° 355, fol. 56^v: S. 51, Anm. 1.
Erfurt, Amplon. 4° 355, fol. 56^v: XIi
Erfurt, Amplon. 4° 362, fol. 17^v–18^r: XIIk
Erfurt, Amplon. 4° 366, fol. 50^{r-v}: XIIIg
Erfurt, Amplon. 4° 366, fol. 50^v–51^r: VIc
Erfurt, Amplon. 4° 367, fol. 99^v: VIIId
Erfurt, Amplon. 4° 369, fol. 50^r: XIIIf
Erfurt, Amplon. 4° 369, fol. 203va: VIIIn (203vb s. Index d, sub 17° 30′)
Erfurt, Amplon. 4° 369, fol. 204^r: VIIIb
Erfurt, Amplon. 4° 369, fol. 217^r: VI g
Erfurt, Amplon. 4° 386, fol. 141^{r-v}: VIIIc
Erfurt, Amplon. 4° 386, fol. 142^r: VIId
Erfurt, Amplon. 8° 82, fol. 86^v: XII l
Escorial, arab. 914 (Almagest, arabisch): XIV 14, Anm.
Escorial, O. II. 10, fol. 199^v: XIIIn
Florenz, Laur. 45 (Almagest, Gerhard von Cremona): Anm. zu XII 16, XIII 35
Frankfurt a. M., Barth. 134, fol. 118^v: IXe
Göttingen, Universitätsbibliothek, Theol. 124, fol. 139^r: IXb
Schloß Harburg b. Donauwörth, ms III, 2, 2° 1, fol. 174^v–175^r: Stoeffler, deutsch,
    S. 5, Anm. 8
Istanbul, Seray 3509: cf. S. 6, Anm. 12
Istanbul, Yahya Ef. 244, 10°, fol. 80^{v}ff: cf. S. 24, Anm. 4

Oxford, Bodleiana, Can. Misc. 340, fol. 54^r: IIIr; IVb
Oxford, Bodleiana, Laud. Misc. 644, fol. 92^r: XIVa
Paris, B.N., ar. 4821, fol. 81^v: I A
Paris, B.N., ar. 4824, fol. 4^v: XII A
Paris, B.N., fr. 1339, fol. 135^{r-v}: S. 5, Anm. 8
Paris, B.N., lat. 7195, fol. 54^{r-v}: VIIIf
Paris, B.N., lat. 7195, fol. 55^r: VIIg
Paris, B.N., lat. 7195, fol. 77^v: XIIw
Paris, B.N., lat. 7198, fol. 90^v: XIVb
Paris, B.N., lat. 7281, fol. 30^r: S. 51, Anm. 1; S. 73, Anm. 1
Paris, B.N., lat. 7293 A, fol. 16^r: IIa; S. 31, Anm. 1
Paris, B.N., lat. 7294, fol. 24^v: IXf
Paris, B.N., lat. 7336, fol. 292^v: XIIIm
Paris, B.N., lat. 7406, fol. 58^r: XIIg
Paris, B.N., lat. 7409, fol. 37^r: XIIh
Paris, B.N., lat. 7412, fol. 5^v: III l
Paris, B.N., lat. 7412, fol. 19^v: IIIk
Paris, B.N., lat. 7413 (1), fol. 10va: XIh
Paris, B.N., lat. 7413 (1), fol. 10vb–11^r: VIIIk
Paris, B.N., lat. 7413 (1), fol. 11^r: VIIf
Paris, B.N., lat. 7413 (2), fol. 36^r: VIb
Paris, B.N., lat. 7413 (2), fol. 36^v: XId
Paris, B.N., lat. 7416 B, fol. 86ra: XIf
Paris, B.N., lat. 7416 B, fol. 86rb: VIIe
Paris, B.N., lat. 7421, fol. 203^r: XIIIe
Paris, B.N., lat. 7437, fol. 163^v und 167^r: XIIIq
Paris, B.N., lat. 10266, fol. 28^r: XIIIp
Paris, B.N., lat. 10266, fol. 111^v: IIIu
Paris, B.N., lat. 10266, fol. 112^r: XIIs
Paris, B.N., lat. 11248, fol. 21^{r-v}: S. 4, Anm. 6
Paris, B.N., lat. 16207, fol. 46^v: XIIf
Paris, B.N., lat. 16211, fol. 93^r: XIIIb
Paris, B.N., lat. 16652, fol. 31^v–32^r: XIIu
Paris, B.N., lat. 16652, fol. 32^{r-v}: IIIv
Paris, B.N., n.a.l. 693, fol. 13^v: XIk
Ripoll, 225, fol. 9^{v}f: IIIa
Salamanca, Universitätsbibliothek, 2621, fol. 10ra: VIIIo
Salamanca, Universitätsbibliothek, 2621, fol. 10rb: S. 5, Anm. 8
Salamanca, Universitätsbibliothek, 2621, fol. 115^v: IXg
Salamanca, Universitätsbibliothek, 2621, fol. 116^r: VII l
Salzburg, a V 7, fol. 1ff: IIIf
St. Florian, Stiftsbibliothek, XI 619, fol. 192^v: S. 5, Anm. 8
St. Gallen, Vad. 412, fol. 93^v–95^r: VIIIi
St. Gallen, Vad. 412, fol. 95^v: S. 5, Anm. 8
Stuttgart, math. 4° 32, fol. 23^v–24^r: S. 5, Anm. 8
Stuttgart, math. 4° 33, p. 48–49: XIIt
Trier, 1074/1271 (8°), fol. 66^r: VIIIe
Trier, 1074/1271 (8°), fol. 66^v: VIIi
Ulm, Sch 13884, fol. 1ff: S. 112, Anm. 3
Vaticanus Gr. 212, fol. 84^v: XIIq
Vaticanus Reg. 598, fol. 117f: IIIc
Vaticanus Reg. 1661, fol. 73^{v}ff: IIId
Wien, 2323, fol. 80^v–81^r: VIIIh
Wien, 2323, fol. 83^v: VIIc